Às queri[illegible]
Thaís [illegible]

meu grande abraço
e um beijo Celia Ribeiro

ETIQUETA DE BOLSO

Um guia de boas maneiras de A a Z

P. A. dezembro 2014

Livros da autora publicados pela **L&PM** EDITORES

100 receitas de sobremesas (**L&PM** POCKET)
Boas maneiras à mesa (**L&PM** POCKET)
Boas maneiras & sucesso nos negócios (**L&PM** POCKET)
Casamento & etiqueta
Etiqueta na prática (**L&PM** POCKET)
Etiqueta na prática para crianças
Etiqueta século XXI
Fernando Gomes – um mestre no século XIX
Manual de sobrevivência do anfitrião inexperiente
Receitas de Yayá Ribeiro (**L&PM** POCKET)

Celia Ribeiro

ETIQUETA DE BOLSO

Um guia de boas maneiras de A a Z

L&PM 40 ANOS

Coleção **L&PM** POCKET, vol. 1168

Texto de acordo com a nova ortografia.

Primeira edição na Coleção **L&PM** POCKET: outubro de 2014

Capa: Ivan Pinheiro Machado
Ilustração: © Shutterstock/Andrey Bayda
Preparação: Jó Saldanha
Revisão: Marianne Scholze

CIP-Brasil. Catalogação na publicação
Sindicato Nacional dos Editores de Livros, RJ.

R368e

Ribeiro, Celia, 1929-
Etiqueta de bolso: um guia de boas maneiras de A a Z / Celia Ribeiro. – 1. ed. – Porto Alegre, RS: L&PM, 2014.
240 p. : 17,8 cm. (Coleção L&PM POCKET, v. 1168)

ISBN 978-85-254-3177-6

1. Etiqueta. I. Título. II. Série.

14-16361 CDD: 395
CDU: 395

Rua Comendador Coruja, 314, loja 9 – Floresta – 90220-180
Porto Alegre – RS – Brasil / Fone: 51.3225.5777 – Fax: 51.3221.5380

Pedidos & Depto. Comercial: vendas@lpm.com.br
Fale conosco: info@lpm.com.br
www.lpm.com.br

Impresso no Brasil
Primavera de 2014

Apresentação

Minha trajetória fazendo livros de etiqueta para a L&PM começou com *Etiqueta na prática*, lançado em 1991. A obra resistiu ao tempo. Após mais de quarenta edições, com as devidas atualizações, entrou na Coleção L&PM POCKET. Houve outras publicações de minha autoria, inclusive na área de culinária, até chegar a *Etiqueta século XXI*, acompanhando a evolução dos costumes e a perda de muitos preconceitos.

Como colunista da revista *Donna*, do jornal *Zero Hora*, e trabalhando com temas de comportamento, recebo consultas sobre etiqueta que me impelem à constante necessidade de atualização na área de relacionamentos social e profissional. Nos últimos anos, o ritmo de vida se tornou mais acelerado, e por meio da internet nos comunicamos mais assiduamente, mas nem sempre com empatia. Há muita gente que se esquece de olhar para as pessoas em volta para se fixar no celular.

O tempo parece fugir do nosso controle diante de tantos estímulos – rádio, televisão, internet, simultaneamente –, a linguagem se torna mais sucinta e os textos longos tendem a ser absorvidos pela leitura dinâmica. O diferencial de uma boa educação deve estar presente na forma da comunicação dos jovens preparados para assumir novas responsabilidades profissionais. Uma prova disso são as aulas de etiqueta incluídas nos treinamentos das grandes empresas, especialmente de atitudes à mesa.

Ao analisar este novo mundo, pensei em escrever uma espécie de dicionário de etiqueta com verbetes sobre assuntos de interesse imediato. Assim, se vou receber um grupo de pessoas em que muitas não se conhecem, terei como saber, rapidamente, como se faz apresentações; ou, ao escolher a roupa para uma festa de casamento, tirar dúvidas sobre o estilo do traje solicitado no convite.

O espírito que paira em *Etiqueta de bolso* é o de guia rápido. Pensei muito nos jovens e nas famílias que a cada dia têm acesso a novos ambientes. Para que os verbetes fossem realmente esclarecedores, além de ter feito uso dos meus livros anteriores e de títulos de autores nacionais e estrangeiros, fiz consultas a experientes profissionais sobre os diversos temas abordados. O formato deste livro é uma nova experiência para mim. Espero que seja útil aos leitores.

Celia Ribeiro
Porto Alegre, outubro de 2014

"As pessoas bem-educadas têm gestos e atitudes simpáticas que seduzem e fazem bem aos sentidos daqueles que com elas convivem. Elas se tornam seres agradáveis que aprendem a modelar sua própria natureza, dura como madeira, para melhor viver."

Friedrich Nietzsche
(1844-1900)

A

A rigor

Ver *traje*

Academia

À hora de se vestir para a academia de ginástica, opta-se por roupas leves, que facilitem os movimentos e a oxigenação dos músculos. A partir dos básicos conjuntos de tecidos flexíveis em preto, marinho, cinza e branco são conjugadas camisetas coloridas, tênis e meias curtas. A boa aparência exerce influência positiva na prática dos exercícios.

Aparência – Cremes e maquiagem que escorrem com o suor são inadequados para se exercitar. Não se usam perfumes fortes, mas uma água de colônia de suave aroma de lavanda e flores. Além da garrafinha d'água, leva-se toalha para enxugar o suor e a umidade após usar os aparelhos.

Convívio – Os ruídos ressoam mais forte num espaço de piso frio, sem cortinas e estofados. Por isso, conversas e risadas em alto tom são desagradáveis na academia. Terminado o exercício num aparelho, volta-se ao ponto zero para ele ser usado por outro aluno. Enquanto se corre na esteira fala-se pouco para não acelerar mais ainda a respiração. Utensílios descartáveis – garrafinha, lenços e copos vazios – são colocados nas lixeiras. Quem chega atrasado não exige que o *personal trainer* prolongue seu horário.

Agenda

A partir da agenda virtual no computador, no celular e no Facebook, cria-se uma agenda automática de amigos, sinalizando os aniversariantes do dia. Autorizada, pode ser incluída nos smartphones. Com agendinha de bolso ou no celular, ganha-se tempo. Antigas agendas em papel são guardadas para possíveis consultas.

Agenda escolar – Numa comunicação eficiente entre a escola e os pais, as reclamações e respostas são resumidas pelas duas partes, em letra legível.

Ver *celular, secretária*

Agradecimentos

Sempre se agradece a quem nos presta favores e serviços. Também na esfera profissional a cortesia propicia um bom retorno: o porteiro bem tratado tende a facilitar a comunicação interna entre as pessoas na empresa e no condomínio residencial.

Obrigado e obrigada – A palavra de agradecimento flexiona em gênero, e seu uso gramatical correto é um diferencial importante. Um agradecimento pode ser feito através de cartão e e-mail. Quando não foi possível usar aqueles meios até o prazo de dois meses, vale agradecer uma gentileza frente a frente, num primeiro encontro casual.

Ver *cartões de visita, cortesia, presentes, viagem*

ÁGUA

Três opções são obrigatórias ao oferecer um copo d'água: "com gás, natural ou gelada?". Usa-se colocar no copo uma folhinha de hortelã, uma rodela de limão, de maçã ou laranja com casca. O anfitrião oferece o copo d'água na mão, e não sobre uma bandejinha. A água deve ser valorizada. Na Europa, uma garrafinha de mineral custa mais nos restaurantes do que um cálice de vinho da casa.

Ver *copos, tira-gosto*

ALCACHOFRA

Hortaliça servida de várias maneiras, a mais comum cozida com molho de manteiga em volta. Ao comer, retiram-se primeiro as folhas, uma a uma, com as pontas unidas dos dedos polegar, indicador e médio, passando-as no molho antes de levá-las à boca. O coração, o centro mais rijo da alcachofra, é comido com garfo e faca. Em serviços caprichados, após servir a iguaria apresenta-se uma lavanda com água morna.

Ver *guardanapo, lavanda*

ALERGIA

Ver *anfitrião, cardápio, convites*

ALFACE

Hortaliça de folhas verdes de diferentes tipos que devem ser lavadas com água fria e escorridas na peneira sobre uma tigela e secas num recipiente com coador que gira. As folhas são apresentadas na saladeira inteiras ou em pedaços partidos com as mãos. A rigorosa regra de não cortar a folha de alface, e sim enrolá-la com ajuda de garfo e faca, é do tempo em que não havia lâmina de metal inoxidável e a hortaliça ficava escura.

Ver *salada*

Alho

Bulbo subterrâneo de uma planta herbácea, envolto em casca fina, subdivide-se em pequenos bulbos, chamados dentes. Antes de cozinhar, para eliminar o cheiro forte, é retirado o filamento interno do dente. Por deixar vestígios no hálito, não se inclui este tempero em petiscos para festas. "Espaguete ao alho e óleo" ou "à provençal" não deve ser prato único. A solução é servir o molho com alho à parte: cada um usa a seu gosto.

Alianças

Ver *bodas, casamento*

Alimentação

Brillat-Savarin, o papa da gastronomia, escreveu que a diferença entre o ser humano e o animal é que ambos se alimentam para sobreviver, mas só o homem tem consciência do que come, associando o paladar a outros sentidos. Marcel Proust, em suas memórias, partiu do bolinho *madeleine*, em forma de concha, para resgatar as lembranças da sua infância.

Evolução – Na aquisição dos costumes, o tempo de comer é também o da inclusão social e da formação da cultura. No desenrolar do processo civilizatório, o homem usava os dedos para se alimentar até surgirem os talheres, cujo manuseio o ajudou a adquirir destreza como um diferencial de boas maneiras.

Almoço

No final do século XIX o modelo era de cinco refeições diárias: café da manhã, almoço, chá da tarde, jantar e ceia. Com a evolução dos costumes e a ascensão profissional da mulher, almoçar fora com bufê tornou-se comum e mais rápido. O almoço prolongado é realizado aos sábados e domingos, marcado para as 13h ou 14h, podendo prolongar-se até o entardecer.

Almoço executivo – Durante a semana, os almoços tornaram-se quase lanches. A preocupação com a saúde valorizou saladas, grelhados e frutas, eliminando bebidas com teor alcoólico que provocam sonolência. Muitas empresas têm restaurante próprio com bufê, propiciando maior convívio entre os companheiros. Neste tipo de almoço cada um sai ao terminar, sem pedir licença, mas se despedindo de quem está ao seu lado à mesa. Passou-se a aproveitar o tempo do almoço para reuniões de negócios e palestras, ampliando relacionamentos em torno da mesa.

Ver *bufê, cardápio*

Alta-costura

Seu significado original é de uma roupa de modelo único, sob medida, com grande qualidade nos materiais e acabamento. Quando se deseja qualificar uma peça, se diz "parece alta-costura".

Alto esporte

Ver *traje*

Aluguel de roupa

Ao fazer a escolha deve ser avaliado se um primeiro aluguel (vestido às vezes feito sob medida, usado pela primeira vez e depois devolvido) não custará quase o mesmo valor de um vestido comprado feito sob medida. A personalização de roupas de aluguel é feita não só através dos complementos. Características físicas e personalidade da mulher que o usa transformam um mesmo modelo.

Prova – Ao experimentar um vestido longo, a cliente observa se o tecido foi lavado várias vezes e se necessita de uma estrutura dada por uma saia interna. Ao experimentar um smoking, um terno e um fraque com camisa o homem faz um teste, dobrando o braço em ângulo reto. Se os punhos sobram muito é sinal de que as mangas da camisa estão muito longas, ou as do paletó curtas. Sinal de que há necessidade de pequena adaptação.

Ver *traje*

Aluguel de utensílios

Ao fazer o contrato de locação de pratos, cristais e talheres, além dos preços, convém se informar dos valores no caso de quebra. Questionar também a locadora se os utensílios devem ser lavados antes da devolução. Independente da resposta, eles sempre são devolvidos sem as sobras de comida.

Amamentação

Ao alimentar o bebê em local público, a mãe cuida para não se expor demais. A roupa torna-se adequada, a partir do sutiã com bojo destacável da alça. Veste blusa que possa ser desabotoada, e que não precise ser retirada para amamentar. Em público, a mãe senta-se com o bebê, mantendo certa discrição com uma fralda sobre o ombro, que cobre o seio.

Amigo-secreto

Ver *Natal*

Anfitriões

A inclusão de um convidado não conhecido por todos que participam de uma reunião estimula novos assuntos. Em pequenos jantares, no entanto, é preciso cuidado para não incluir pessoas com séria desavença entre si. Daí a importância, ao convidar por telefone ou e-mail, de citar alguns dos presentes. Pretextar outro compromisso é direito de quem recebe um convite desconfortável. Num ambiente maior, em meio a muitos convidados, não há grandes problemas, exceto colocar os desafetos à mesma mesa.

Deveres – Propiciar conforto e bem-estar aos convidados é obrigação dos anfitriões, e não se convida mais gente do que o espaço permite. Na véspera, o porteiro do edifício de apartamentos recebe a relação dos convidados para identificá-los à chegada. Em todo tipo de reunião entrega-se por escrito, com antecedência, o cardápio com as respectivas louças e a sequência do serviço aos empregados domésticos. Destaca-se quais convidados devem ser servidos primeiro. Às vésperas da festa manda-se flores ou um minibolo aos vizinhos, com um cartão de escusas pelo barulho que a recepção possa causar. É recomendável destinar um espaço na residência para os pertences dos convidados, especialmente no inverno.

Ver *apresentações, cabide, cardápio, conversa, mesa, música, traje*

Aparência

"Não basta ser, é preciso parecer", recomendava a filósofa Hannah Arendt aos seus alunos na universidade. A aparência é a primeira impressão que uma pessoa causa, e já uma forma de comunicação. É um diferencial. Revela status econômico, atualização cultural e bom senso na escolha do traje de acordo com o tipo físico e a ocasião. Mas a boa aparência, sem outros atributos como simpatia, boa formação e educação, não basta para merecer uma avaliação positiva.

Ver *traje*

Aperitivo

É servido antes do almoço e do jantar. O *aperitif* nasceu na França durante o século XIX, como um cálice de vermute, copos com uísque, champanhe e coquetéis. Logo surgiram os quadradinhos de queijo e presunto, canapés e mais tarde as castanhas, tâmaras, nozes e frutos secos. O aperitivo distrai e congrega as pessoas, enquanto aguardam mais convidados. Não são oferecidos alimentos nutritivos em maior quantidade, que tiram o apetite para a refeição. Exceto quando não se confia no cardápio do jantar, optando-se por sanduíches e salgadinhos folhados.

Ver *almoço, jantar*

Aperto de mão

☙ Ver *cumprimentos*

Aplauso

É o louvor a um feito ou uma apresentação artística, e se estende a outros atos públicos aprovados. Quem não está habituado a ir ao teatro, antes de aplaudir, observa o comportamento da maioria do público e a postura do artista. Se ao cessar sua interpretação ele não olhar para a plateia, é sinal de que não chegou o momento de ser aplaudido.

> **Em cena** – Nos espetáculos de música erudita, não se aplaude nas pausas, entre os movimentos de sinfonias e concertos ou no meio de uma sequência de canções de um mesmo compositor. Essas pausas valem para músicos e espectadores descontraírem-se. Nas óperas, quando um cantor brilha na interpretação de uma ária, é aplaudido ao concluí-la, interrompendo o ato. Também os bailarinos, após um solo ou um *pas de deux* (dupla), são assim interrompidos.

☙ Ver *hino, palestra, teatro*

Apresentações

Quando duas ou mais pessoas que não se conhecem estão frente a frente é de boa educação apresentá-las. A forma de agir tanto de quem apresenta quanto dos apresentados revela seu grau de sociabilidade. "Já se conhecem?" é a pergunta-chave. O menos importante é apresentado ao mais importante: um jovem a um professor, um homem a uma mulher, a pessoa mais chegada à outra: "Dr. Bernardo, gostaria de lhe apresentar minha mãe". Em encontros casuais, se estamos acompanhados e chega um terceiro, prolongando a conversa, esta é interrompida para uma rápida apresentação. Não se usa mais dizer "muito prazer", "igualmente", mas "como vai, tudo bem?".

Lapsos de memória – São frequentes em momentos de estresse, quando até nomes dos mais íntimos se esquece. Pedem-se desculpas, e que a pessoa diga seu nome completo. O professor, mesmo, sem recordar um ex-aluno, diz que o estava reconhecendo, só não sabia de onde. Jamais perguntar: "Está se lembrando de mim?". Caso este teste de mau gosto aconteça, a saída é responder: "Sua fisionomia não me é estranha, mas não estou lembrando". Outra forma é apresentar "minha amiga", "meu ex-aluno" e quem é assim nomeado acrescenta seu nome por extenso, seguido de "como vai?".

Autoapresentação – Ela cabe quando nossa identidade é esquecida: "Não pode se lembrar mais de mim. Sou Fulano de Tal e fui seu aluno no Colégio Tal". Numa festa, convidados que não se conheciam, sentados à mesma mesa e favorecidos pela proximidade, acabam conversando. Ao natural, cada um se apresenta. Em viagens de ônibus e de avião é comum acontecer. A pessoa menos importante se apresenta à outra: um homem a uma mulher, o jovem ao professor. "Sou Manoel Mendes, estudo medicina na USP."

Referências – Convém dar alguma informação depois da apresentação: "Mário é designer e está vindo de Londres" ou "ele é meu primo" ou "...é fanático corintiano". São referências que facilitam que eles conversem numa festa sem ajuda dos anfitriões.

Crianças – Desde que tenham consciência de sua identidade, elas devem ser apresentadas pelos pais, que lhes dão informações sobre a pessoa adulta que estão conhecendo. As crianças também se ressentem ao serem ignoradas.

À chegada – Para introduzir um convidado à sala o anfitrião (a) dirá: "Este é meu amigo Marcelo Eiras. Marcelo, você deve conhecer alguns dos presentes", e nomeia os mais próximos. Basta um cumprimento de cabeça entre eles.

Quando levantar – Um homem levanta-se ao ser apresentado a uma mulher. A mulher não se levanta para um homem, ou para uma mulher de sua geração ou bem mais jovem. Só se quiser distingui-los. Num evento empresarial, um colaborador se levanta ao ser apresentado a um dos dirigentes da organização, independente de ser mulher.

Ver *cartão de visita, nome, tratamento*

Apresentador

Ao apresentar uma palestra, dar um discurso ou conceder uma entrevista em rádio e televisão, o bom profissional informa-se do tipo de público, checa microfone, tempo de duração. Pergunta se falará sentado, se terá mesa auxiliar e meios para uso de power point. Seu visual deve condizer com local e horário e com a cultura mais ou menos formal da empresa ou da instituição que o contratou.

Pronúncia – O apresentador deve estar informado do nome completo e a pronúncia de quem vai nomear. Se for Waldvogel (nome alemão), a pronúncia é Valdfoguel; Vauthier (nome francês) se diz Vothiê. É importante apresentar o currículo do palestrante em resumo, sem dizer "Fulano de Tal é por demais conhecido e dispensa apresentações". A citação dos títulos mais importantes ilustra o perfil profissional e lhe confere maior autoridade.

Ver *palestra, traje*

Aromatizador

Deve-se ter muito cuidado ao espalhar num ambiente um forte aromatizador, inclusive incenso. Aromas sutis e refrescantes são agradáveis desde que não sejam logo notados à entrada do ambiente. Assim como não se coloca perfume na roupa, evita-se usar aromatizador em cortinas e estofados. O mesmo cuidado é preciso com as velas perfumadas, especialmente em local onde há comidas apresentadas em bufê.

Ver *perfume, vela*

Arroz

Grão vegetal da família das gramináceas, cultivado na Ásia, era conhecido há cinco mil anos. Símbolo de fertilidade, é distribuído aos convidados para que joguem sobre os noivos à saída da igreja como bom augúrio. Há casamentos em que ele é distribuído em saquinhos de tule aos convidados com esta finalidade.

Etiqueta – Ao comer arroz cozido misturado com carne ou outro ingrediente, se estes não forem cortados miúdos como no risoto, usa-se garfo e faca, esta (na mão direita) ajudando a colocar o cereal no garfo.

Ver *casamento*

Asa de frango

É preferível usar garfo e faca para comê-la, mas em uma galeteria pode-se segurá-la com um guardanapo descartável para levar à boca e não engordurar os dedos. Em mesas de categoria há lavanda para eliminar a gordura dos dedos.

Ver *lavanda*

Aspargo

Vegetal da família das liliáceas, é encontrado fresco, congelado ou em conserva. O modo tradicional de servir os aspargos frescos é à la crème, refogados na manteiga em fogo baixo com salsa e cebolinha. Acrescenta-se creme de leite, sal e noz-moscada. Serve-se como entrada com torradas, garfinho e faca. Existem pinças de metal para fisgar o aspargo na travessa e colocá-lo no prato. A etiqueta europeia sugere que o aspargo fresco, sem creme, seja pego com a mão, só se comendo a extremidade tenra, deixando a parte fibrosa no prato.

Ver *cardápios*

Assédio sexual

Quando um chefe no escritório se vale do seu poder para forçar um encontro, fica caracterizado o assédio. Se insistir em um convite, a mulher agradece e muda de assunto. No caso de manifestações grosseiras, que partem da palavra à ação, se não houver intermediário a quem recorrer, leva-se a reclamação ao setor de Recursos Humanos da empresa.

Assoar o nariz

Ver *lenço*

Autógrafos

Para evitar as consequências dos naturais lapsos de memória do escritor na sua sessão de autógrafos, coloca-se na página de rosto do exemplar (a primeira, com o nome do livro, autor e editora) um papelzinho com o nome por extenso daquele que pedirá uma dedicatória.

Cumprimentos – Diante de uma longa fila, quando não se pode aguardar, pede-se licença às duas ou três pessoas mais próximas à mesa do escritor, "apenas para dar um abraço". Tratando-se de um livro técnico que não interesse particularmente, basta abraçar o autor ou pedir a dedicatória para presentear a outra pessoa. Quando se leva vários exemplares para a sessão, deixam-se os livros para serem autografados mais tarde, combinando onde e quando retirá-los. Cumprimenta-se também por telefone ou e-mail, enviando um exemplar à casa do escritor para aquele fim.

Ver *fila*

Automóvel

A falta de segurança urbana reduz o tempo em que o homem bem-educado abre a porta e aguarda a mulher entrar e sair do carro. O lugar de honra num automóvel é o mais confortável, à direita de quem está na direção, se não for motorista profissional. Quando um casal leva uma senhora em seu carro, a esposa cederá o lugar à convidada, sentando-se no banco traseiro. No caso de três mulheres e um motorista profissional, a dona do carro ficará ao lado do motorista. Se houver dois casais num automóvel, as mulheres não sentam lado a lado e os homens na frente: os casais ficam juntos. No mundo oficial, o lugar de honra é atrás, à direita, na diagonal do motorista profissional. Quem entra primeiro no carro é a pessoa mais importante.

Ver *celular, trânsito*

Avião

Na classe econômica, o passageiro cortês deve manter-se na poltrona, sem abrir demais os braços para ler o jornal e fazer seu lanche. Antes de inclinar a poltrona, ele observa se o passageiro sentado atrás está com a mesinha aberta, para evitar algum movimento brusco.

A bordo – Caso a poltrona seja junto ao corredor, fica-se de pé, facilitando a entrada dos passageiros vizinhos. Quem usa com frequência o banheiro num voo noturno reserva seu lugar junto ao corredor. A bagagem de mão das crianças deve incluir joguinhos e revistas. Elas são recomendadas a não apoiarem os pés na poltrona da frente para evitar desconforto àquele passageiro. Deve-se levar a sério as recomendações de segurança, como não retirar o cinto de segurança e não levantar antes que o avião pare. No horário de lanches, cuida-se para não mover repentinamente a poltrona, se o passageiro atrás estiver com a mesinha aberta.

Jatinho – Quando o diretor de uma empresa viaja com seus colaboradores, quem entra primeiro no avião é ele; o primeiro a sair é o que estava sentado mais próximo à porta. Em jatinho com quatro lugares, de dois a dois, como uma salinha, e mais três atrás do piloto, os primeiros lugares são ocupados pelas pessoas mais importantes.

Ver *apresentações, bagagem, filas, mala, viagem*

Azeite

O nome é dado a todo tipo de óleo de cozinha, mas, em verdade, só é azeite um óleo extraído das azeitonas, mediante prensagem. Os grandes chefs valorizam-no ao ponto de apresentá-lo para degustação. A harmonização com a bebida, por ocasião de um happy hour e entrada de refeição, é feita com espumante. No gargalo das garrafas de azeite são adaptadas rolhas com biqueiras de metal para vertê-lo em fio.

Degustação – No centro da mesa deixa-se uma bandeja com garrafas de azeite de sabores especiais: pimenta, cachaça, funghi, alecrim e açafrão. Mais uma cesta com pães. Fazem boa companhia para pão e azeite porções de manteiga nos sabores açafrão, salsinha e alecrim. Numa bandejinha são apresentados sal rosa do Himalaia e cristais brancos de Guerlain, com cartão de identificação. Num pratinho individual coloca-se azeite e sal, unta-se uma porção de pão com manteiga e passa-se no azeite.

Ver *pão*

Azeitona

Fruto da oliveira do qual se extrai o azeite de oliva. Também é servida em conserva, sem o caroço, como aperitivo ou recheio. Quando não houve este cuidado prévio mastiga-se até o final, aproxima-se a mão esquerda em concha até cobrir a boca e dela recolher o caroço que será envolvido num guardanapo descartável ou colocado no prato. Em lugar dos palitos, comuns para pegar a azeitona como aperitivo, é mais elegante usar estiletes em acrílico transparente.

Ver aperitivo

B

Bagagem

Ver *avião, mala, viagem*

Baile

O baile foi criado não só como diversão, mas para aproximar os jovens, tendo em vista o casamento. Até o final do século XIX havia o carnet de baile, um minicaderno, às vezes de capa de madrepérola, as folhas com espaços livres numerados em sequência para os rapazes assinarem, comprometendo as moças a dançar com eles. (Mais uma evidência da sujeição feminina.) O resquício desse costume perdurou até meados do século XX. Se uma moça bem-educada era tirada para dançar, pedia licença ao terminar a música, quando não queria mais seguir com o par. Ele tomar a iniciativa de liberar-se causava nela sentimento de rejeição.

Ver *casamento, dança, debutante, traje*

Balde

Para manter uma bebida bem gelada – cerveja, espumante, vinho branco e rosé – coloca-se no balde água, sal grosso e álcool para o gelo não derreter tão rápido e as garrafas se manterem em baixa temperatura. A pinça para servir gelo acompanha o balde.

Ver *bar, gelo*

Bandeira

A bandeira nacional é destacada em datas especiais e eventos como banquetes, almoços de entidades de classe, congressos e solenidades de empresas. Quando houver palestrante, vista de frente, a bandeira nacional fica à esquerda do conferencista, a bandeira do Estado à direita, seguida pela bandeira da empresa ou instituição envolvida no evento.

Posição – Quando há bandeiras de outros Estados e agremiações elas são dispostas junto à parede, de frente para a entrada do recinto, com a bandeira nacional colocada ao centro, em plano um pouco mais elevado. Em congressos e eventos, em geral, com representações estrangeiras, a bandeira do Brasil é a primeira, tendo a sua direita, vista de frente, a bandeira do país ao qual é dado destaque, seguida das demais na ordem alfabética de seus países de origem.

Bandeja

Seu uso é múltiplo, por isto convém tê-las em formato retangular e redondo de diferentes tamanhos. Na menorzinha serve-se um copo d'água, chama-se "salva". Bandejas de prata de alta qualidade dispensam guardanapos.

Etiqueta – Uma anfitriã não passa a bandeja para os convidados se servirem. Deixa-a sobre uma mesinha para que eles se sirvam ou retira da bandeja e entrega na mão de cada um a xícara com o pires de cafezinho ou chá. A senhora recebida pela primeira vez ou que se deseja destacar é servida primeiro. O prato refratário, recém-saído do forno, é servido numa bandeja proporcional em tamanho, sobre guardanapo duplo.

Ver *azeite, café, copo, serviço*

Banheiro

O ambiente aromatizado com essências florais suaves cria uma atmosfera mais agradável no banheiro. À vista há sempre um rolo sobressalente de papel higiênico, a extremidade dobrada em ponta para facilitar servir-se dele. Quando os apartamentos têm banheiro único, este deve estar impecável quando há visitas, pois será usado como lavabo.

Lavabo – É o pequeno banheiro com destacado espelho para visitas. Fica iluminado e a porta entreaberta para sua mais fácil localização, com plaquinhas de flores pintadas ou alguma imagem de moda pendurada na porta. Além da lixeirinha e de um rolo sobressalente de papel higiênico, há em uma caixa, bem à vista, palitos (não se usa palito à mesa), cápsulas digestivas, lenços descartáveis, pentes, absorventes etc. Além disso, para evitar constrangimento ao convidado, deixe à disposição uma caixa de fósforos ou uma vela no castiçal que, acesa, ajuda a queimar e liberar o mau cheiro do ambiente. Além de puxar a água do vaso após o uso, sua tampa é baixada como regra básica de civilidade.

Ver *papel higiênico, toalha*

Banquete

É um jantar solene em homenagem a alguém, em comemoração a um feito ou data especial, com discursos e brindes. A palavra banquete também é adjetivo e define uma refeição de protocolo e alta qualidade: "verdadeiro banquete", em cujas mesas aparece a xícara de cafezinho com sua colherzinha, colocada acima e à esquerda do prato, pois o cafezinho também é servido à francesa.

Por adesão – A comissão organizadora do banquete faz contatos com pessoas de alguma forma vinculadas ao motivo da reunião, convidando-as a se inscreverem em determinado local, pagando a despesa, que geralmente inclui contribuição para o presente ao homenageado. A mulher e os filhos são dispensados dessa inscrição.

Recepção – O horário de chegada do homenageado é marcado para 30 minutos após o dos convidados, quando a sala já estará cheia. As pessoas que participaram da organização do evento agem como anfitriões, recepcionando os convidados de suas relações.

Ver *brinde, guardanapo, mesa*

Bar

Quem gosta de preparar coquetéis precisa de um bar doméstico, equipado de garrafas de uísque que pode ser servido puro ou *on the rocks*, isto é, só com gelo; gim, conhaque, rum, vermute, sucos de frutas, água mineral com e sem gás, uma garrafinha de angustura, limões e açúcar.

Utensílios – Balde de gelo, faquinha afiada para cortar frutas. Um livro de receitas de drinques, coqueteleira (*shaker*), abridor de garrafa, mexedor para drinques (conhecido também como bailarina), medidor de doses, espremedor de limão, coador e copo de bar. Alguns guardanapos brancos para segurar garrafas, guardanapinhos de tecido (18 cm x 18 cm) e descartáveis. Copos para drinques.

Copos de aperitivo – Aperitivos gelados como o Martini. Licor. Old Fashioned, a base e a boca largas para receber cubos de gelo, como no uísque *on the rocks*. Long drink, copo alto para bebidas complementadas por sodas, sucos de frutas e gelo. Taça com pé para o calor da mão não aquecer o drinque servido com gelo. Conhaque, a base mais larga para a mão envolvê-la, aquecendo a bebida. Vodca, copinho longo e estreito com base mais pesada.

Ver *balde*

Bar Mitzvah e Bat Mitzvah

(Bar = filho, bat = filha. Mitzvah = lei divina) Ritual da religião judaica cumprido por meninos de treze e meninas de doze anos – bar-mitzvandos e bat-mitzvandas – que atingem a maioridade religiosa, passando a ser responsáveis por seus compromissos religiosos. Exige-se preparação especial e aulas de hebraico.

Festa – São convidados familiares e amigos de três gerações. Em geral é um almoço com pratos típicos. As danças são animadas por ritmos alegres e músicas do folclore judaico. Algumas vezes estas festas são realizadas por dois ou mais adolescentes em conjunto.

Há famílias que preferem oferecer, logo após a cerimônia, o *lechaim*, um brinde realizado na própria sinagoga, com vodca, vermute e licores acompanhados por doces típicos judaicos ou um almoço com bufê. Outras promovem almoços em clubes ou festas à noite. Dois ou mais meninos e meninas que cumpriram o ritual da cerimônia na sinagoga podem fazer uma festa em grupo, com convite impresso.

Tradições – Na decoração há inserção da estrela de David e do *chai*, símbolo de vida longa, objeto colocado sobre móvel ou na parede. Os pais e as pessoas mais importantes na vida do adolescente são convidados a colocar no bolo festivo treze ou doze velas acesas para o menino ou a menina apagarem.

Ver *convites, presentes, traje*

Batizado

Rito das igrejas cristãs, assistido por parentes e amigos da família de uma criança levada à pia batismal em seus primeiros meses de vida. Longas camisolas de cambraia branca bordada são conservadas por famílias tradicionais, passando por várias gerações de bebês.

Festa – É geralmente um almoço oferecido pelos pais, padrinhos ou avós da criança, após a cerimônia na igreja. Convidados com filhos pequenos costumam levá-los ao almoço, como futuros amigos do recém-batizado.

Ver *convites, festas, padrinhos, presentes*

Beber

Ao beber, seja água ou vinho, evita-se fazer barulho. Não se inclina a cabeça para trás, tentando aproveitar até os últimos goles no copo. Antes de levar o copo à boca, usa-se guardanapo de tecido ou descartável para evitar mancha da gordura dos alimentos na borda do copo.

Ver *água, cachaça, guardanapo, refrigerante, vinho*

Bebidas

⁂ Ver *água, cachaça, champanhe, clericot, copos, sangria, uísque, vinho, vodca*

Beijo

Ao cumprimentar ou ser apresentado a uma pessoa mais importante, cabe a esta tomar a iniciativa de beijar. A espontaneidade dos três beijinhos do brasileiro causa estranheza aos estrangeiros. Cada país tem sua cultura: para os presidentes da França e União Soviética, o beijo entre autoridades simboliza confiança e apreço. A etiqueta vigente é a do país visitado: no Japão não se usa beijo social. Por isso, ao viajar ao exterior, aguarda-se a iniciativa dos naturais do país para cumprimentá-los.

Beijos inoportunos – Entre namorados em local de trabalho. Em festas de protocolo, ao receberem os convidados, os anfitriões mantêm certa distância, evitando a possível gafe de serem beijados. Não se beija pessoas que estão comendo, basta tocar-lhes o ombro. Os três beijinhos destoam num ambiente formal. O modo elegante de beijar socialmente é com os lábios fechados, pois quando estão úmidos, além de ser desagradável, é anti-higiênico. Mulheres bem penteadas e maquiadas não são realmente beijadas; apenas se aproxima os lábios do seu rosto, cumprindo com o gesto que faz parte da saudação.

⁂ Ver *cumprimentos, viagem*

Bermuda

Enquanto as mulheres usam vestido e, as mais jovens, short durante o alto verão, os homens sofrem no terno executivo e calça jeans. Eles trabalham em empresas de cultura mais formal, na área jurídica, financeira e imobiliária. Nas áreas mais informais, como marketing, comunicação e arquitetura, a bermuda está sendo introduzida no alto verão, isto é, de dezembro a março. Muitas prefeituras brasileiras já adotam este *dress code* no alto verão.

Estilo – A bermuda é de tecido liso, na altura do joelho, usada com camiseta lisa (nada de regata) ou camisa de manga curta. O chinelo de dedo próprio para o lazer é substituído por sapatênis. Homens mais sofisticados chegam a usar bermuda com camisa branca e gravata.

Ver *gravata, traje*

Bicicleta

Ver *trânsito*

Black tie

Ver *traje*

Blazer

Clássico casaco curto de uso masculino e feminino combinado com calça ou saia de padrões diferentes. O blazer de um botão ou transpassado é mais descontraído do que paletó de terno. A origem da palavra surgiu na visita feita pela Rainha Victoria, em 1826, à fragata HMS *Blazer*, quando os oficiais estrearam o paletó de sarja marinho de botões de latão com as iniciais da marinha britânica e calça lisa cinza.

Ver *traje*

Blend

Palavra inglesa que significa mistura. É usada para definir bebidas de uma mesma espécie, diferenciadas através do acréscimo de outros sabores, como amêndoa, frutados e florais em geral. Café, cerveja, chá, uísque e vinho têm seus blends.

Ver *cerveja, vinho*

Blog

É um diário virtual, em que uma pessoa expressa suas ideias, experiências, gostos pessoais, criações ou qualquer assunto que deseje compartilhar. Quando o conteúdo de outra fonte é incluído no blog, é importante que o crédito ao autor seja incluído de forma clara. Isto se aplica a textos, fotos ou outras mídias.

Ver *e-mail*

Bocejo

Considerado sinal de tédio e cansaço, na verdade o bocejo é um espasmo fisiológico que nos faz abrir muito a boca, seguido de um ruído na garganta. O mínimo de civilidade impõe que se cubram os lábios com a mão em concha, baixando um pouco a cabeça, sem fazer barulho.

Bodas

Aniversários de casamento são simbolicamente relacionados com metais, pedras preciosas e pérolas. À comemoração do primeiro aniversário é dado o nome de bodas de papel; ao quinto, bodas de madeira e ao décimo, de estanho. São bodas que podem dar motivo para a decoração de uma mesa de refeições entre amigos.

Comemorações – As bodas mais festejadas envolvem pedras e metais preciosos, que dão o colorido das respectivas bodas, na decoração e nos presentes. Assim, ao festejar bodas de ouro, a senhora poderá trajar vestido em tecido dourado e salientar na mesa do jantar objetos dourados. Eis a relação:

10 anos	bodas de estanho
15 anos	bodas de cristal
20 anos	bodas de porcelana
25 anos	bodas de prata
30 anos	bodas de pérola
35 anos	bodas de coral
40 anos	bodas de rubi
45 anos	bodas de safira
50 anos	bodas de ouro
55 anos	bodas de esmeralda
60 anos	bodas de diamante
70 anos	bodas de platina

Alianças – As comemorações de 25 anos e 50 anos de casamento são marcadas nas alianças de casamento pelo acréscimo de um filete, respectivamente de prata ou de ouro.

Ver *convites, presentes, traje*

Bolo

Ele é destaque no registro em fotos e vídeo durante a festa. Seu estilo harmoniza-se com a decoração ambiental, mais ou menos descontraída. Temático é quando noivinhos modelados em fondant (pasta de açúcar), no alto do bolo, são inspirados na profissão ou nos hobbies do casal ou na próxima viagem de uma aniversariante. Enfeite mais sóbrio são as iniciais de noivos e aniversariantes no alto do bolo. Há bolo fake (só decorativo) ou parcialmente comestível, mantendo o padrão de três andares de camadas de 35, 25 e 15 centímetros de diâmetro.

Corte do bolo – O momento merece música especial em som mais alto e iluminação pontual. Os noivos cortam duas fatias da segunda camada do bolo – ele com a mão direita sobre a dela para fazer a foto e gravar o vídeo. Caso o bolo seja só parcialmente comestível, haverá outro na copa, e as fatias já vêm servidas, sendo as primeiras para os pais.

Ver *bolo vivo, casamento, debutante*

Bolsa

Antes de estender a mão para os cumprimentos, deixa-se a bolsa no braço ou na mão esquerda. Quanto mais organizada ela for, menor a perda de tempo tentando encontrar os pertences. Celular, carteira de motorista e cartão de crédito têm seus lugares determinados. Lenços descartáveis e produtos de maquiagem são reunidos numa bolsinha leve de plástico colorido que não pesa dentro da bolsa.

Complemento – A bolsa acompanha a roupa adequada à ocasião e pode transformar um vestido liso em traje recepção se for pequena com brilhos e colorido contrastante. Mulheres muito magras e altas evitam bolsas estreitas e compridas. A mulher cheia de corpo abrirá mão das bolsinhas de alça ou estreitas e alongadas, preferindo carteiras.

Ver *carteira, traje*

Boné

Ver *chapéu*

Brinde

A palavra em inglês é *toast*, comemoração e homenagem. Brinda-se um momento de felicidade, um encontro, o fechamento de um negócio. Os brindes num jantar são feitos antes da sobremesa, seguidos em geral de uma saudação. Levantar um cálice de espumante, vinho ou cerveja e batê-lo suavemente no de outra pessoa é confirmar um brinde. Também informalmente se diz tim-tim, referência ao som do bater dos cálices.

> **Amostra** – A palavra brinde tem também o sentido de presente. Numa feira de moda e cosméticos com distribuição de amostras grátis não se pede o brinde em quantidade maior do que aquela oferecida. É uma gentileza que se agradece.

Ver *copos*

Brunch

A palavra inglesa incorporada ao vocabulário internacional é a fusão de *breakfast* (café da manhã) e *lunch* (almoço), definindo um hábito surgido nos Estados Unidos aos domingos, quando as famílias voltavam da igreja. O brunch é apresentado como bufê, das dez horas da manhã até as três da tarde. O brunch é uma solução econômica, pois dispensa o almoço.

> **Cardápio** – Sucos, cereais, café com leite, chocolate ou chá, pães e fiambres abrem o cardápio. Saladas, maioneses, carnes defumadas, quiches e omeletes são os alimentos mais substanciais. Doces de frutas, pudins e tortas formam o elenco de sobremesas. Espumante faz parte das bebidas do brunch.

Ver *bufê, mesa*

Bufê

Ao esquematizar a mesa procura-se facilitar a circulação dos convidados para se servirem. Agrupam-se os pratos em dois blocos, um em cada lado da mesa, os guardanapos e talheres entre eles. Em primeiro plano, faca à direita do garfo com o fio para dentro, lado a lado sobre o guardanapo. Arranjos florais e castiçais atrás, principalmente se a mesa estiver junto da parede. Não se misturam pratos salgados e doces na mesma mesa: além do visual desagradável, os aromas se confundem.

Self-service – Pode-se dispor a carne ou o peixe em travessas, reservando o centro da mesa às tigelas mais altas. Copos e garrafas, de preferência, ficam sobre um balcão próximo. Ao se servir no bufê, a pessoa educada não coloca grande volume de comida no prato, nem mistura carnes com frutos do mar ou peixe. Na verdade, o convidado faz seu próprio cardápio, sem problema de servir-se uma segunda vez.

Ver *cardápios, fila, mesa, prato, talheres*

C

Cabeleireiro

Quando uma cliente está sendo atendida, ainda que não haja divisória de ambiente, aquele espaço de tempo é dedicado a ela, e sua privacidade respeitada. As outras à espera não ficam conversando com o cabeleireiro sem a participação de quem está diante do espelho. Se alguém precisar de uma informação do profissional, pede licença antes de perguntar.

Ver *celular, pontualidade*

Cabide

Deve haver um canto na residência, por menor que seja, onde depositar agasalhos e bolsas das visitas, principalmente em tempo de frio e chuva. Casacos ficam com os ombros marcados se as extremidades do cabide não os preencherem. Malhas sem forro são dobradas e penduradas na haste inferior reta do cabide. Em termos de organização, todos os cabides de um armário, por menor que este seja, devem ser iguais.

Cachaça

Bebida alcoólica extraída da cana-de-açúcar, que possui no Brasil a mesma importância que a vodca para os russos. Em 2002, o nome cachaça foi registrado pelo decreto N.4.072 e só pode ser usado para identificar o produto brasileiro. A cachaça não congela e fica licorosa submetida a baixas temperaturas. Há alguns pontos em comum entre a cachaça e o vinho. Ambos repousam em barricas de madeira, enriquecidos por outros aromas. A cachaça envelhecida, cor de ouro, pode ficar seis anos na barrica até ser industrializada.

Tipos de copo – Copinho tradicional de cachaça (30ml) de vidro frisado, chama-se martelinho. O martelo (de 50 a 60 ml) tem a base de vidro mais sólida e abre um pouco em direção à borda. Copo de cristal (60 ml) com haste, bojudo e com cintura, que valoriza a cachaça. O copinho de vodca é mais estreito e alongado.

Como beber – Os russos tomam vodca de uma só vez, virando a cabeça para trás. Mas só num ambiente descontraído toma-se cachaça deste modo. Aspira-se o aroma, antes de degustá-la, fazendo um movimento circular com o copinho, que não deve estar cheio, pois a bebida precisa "respirar". Igual ao vinho. Serve-se uma dose de cachaça, em temperatura ambiente, no copo de uísque largo e baixo, com um cubo de gelo, para ser revolvido, movimentando o copo até a bebida ficar geladíssima.

Caipirinha sofisticada – Além da tradicional caipirinha com limão, são empregadas outras frutas neste drinque: morango, kiwi e lima. O copo adequado é mais alto, do tipo uísque (300ml). São preenchidos 200ml, incluindo o gelo e a mistura com fruta. Quanto melhor a qualidade da cachaça, mais saborosa a caipirinha.

Cães

Animais de raças agressivas devem ser controlados por uma guia presa à coleira, nas praças e condomínios. Quem passeia com um rottweiler coloca focinheira no animal, evita se aproximar para falar com as pessoas na rua e circular por cafés de calçada. Levar saquinhos plásticos, recolhendo as fezes do cachorro nos logradouros públicos, é sinal de civilidade.

Visitas – Por mais bem-educado que seja o cachorrinho da casa, ele não deve ser livre para passear na sala com visitas. É frequente que rasgue a meia de uma convidada. A boa educação manda, no dia seguinte, a anfitriã enviar um novo par de meias para a vítima, com um cartão de desculpas. Também não se leva o cãozinho mimoso para fazer visitas: sempre há alguém que pode se sentir molestado.

☙ Ver *pet shops*

Café

O cafezinho é oferecido bem quente, acompanhado por um pequeno copo de água gelada (50ml) e minibiscoitos, ou minibastões de casca de laranja açucarados. Não se apresenta uma xícara de cafezinho já adoçado. Pergunta-se sempre "com ou sem açúcar?". Num serviço correto as xícaras e o bule são colocados na bandeja com açucareiro e adoçante para a pessoa se servir.

☙ Ver *mesa, pontualidade, xícara*

Café da manhã

A primeira refeição do dia – *breakfast* – transformou-se em encontros comerciais, políticos, acadêmicos e desfiles de lançamento de moda. Um café da manhã comercial pode ser marcado entre sete e meia e nove horas da manhã, não ultrapassando noventa minutos. Eles são realizados em restaurantes de hotéis, clubes, dependências de empresas e espaços improvisados nos órgãos governamentais.

Cardápio – Cada convidado compõe o seu café da manhã, nesta sequência: sucos e frutas/ cereais com leite e iogurte/omelete e ovos mexidos/café puro ou com leite, chocolate ou chá com torradas, pães com manteiga, geleias e frios/ bolos, biscoitos, doces em calda e tortas. Não se serve bebida alcoólica em café da manhã profissional, com exceção de um cálice de espumante sem álcool.

Ver *pontualidade*

Cálices

Chama-se cálice o copo que tem haste, pé. Mais elegante é pegar o cálice de vinho pela haste para não alterar a temperatura da bebida com o calor da mão.

Ver *copos, champanhe*

Canapé

Petisco servido como aperitivo para se comer a mão (*finger food*). Pequena fatia de pão sobre a qual se colocam diferentes coberturas (presunto, queijo, tomate etc).

Caneta

Não se pede emprestada uma caneta de qualidade. Como o jeito de calcar a extremidade no papel é individual, prejudica o traço e a maciez da escrita quando o dono retoma a caneta. Personalizada, com o nome da pessoa gravado, adquire novo valor. Lojas de mais categoria providenciam este detalhe refinado.

Ver *presentes*

Canudinho

É de mau gosto sorver o refrigerante até o final, aspirado com ruído. Há quem beba espumante em minigarrafa com canudinho, hábito informal à beira-mar ou junto à piscina. Mas não se compara ao prazer de tomar o espumante num cálice de cristal.

Caranguejo

Ver *frutos do mar, lavanda*

Cardápio

A escolha e a sequência dos alimentos é o ponto de partida para arrumar pratos, talheres e copos na mesa. Princípios de nutrição, harmonia entre os alimentos e aparência apetitosa regem o cardápio, em que a cor também é levada em conta. Pode-se compor um menu com vários pratos à base de um mesmo ingrediente – peixes, frutos do mar ou carne de caça – em diferentes preparações.

Equilíbrio – Convém abrir a refeição pelo alimento mais leve. Uma salada com legumes e frango desfiado precede um filé mignon com risoto de aspargos e cebolas carameladas. Se houver pato à califórnia, não se escolhe como sobremesa pêssego melba, que também inclui compota de pêssego. Clima e horário da refeição influem no cardápio: feijoada não é indicada à noite em clima quente.

Dieta – Alimentos muito temperados não agradam a todos, por isto se prepara o molho apimentado à parte. Uma entrada de legumes, incluindo peixe, satisfará um convidado em dieta. Ao guarnecer o prato principal de carne com arroz ou batata se estará dando opção para vegetarianos e alérgicos se alimentarem. Além da sobremesa se inclui salada de frutas ao natural, sem açúcar, para diabéticos.

Executivo – Neste tipo de refeição são escolhidos cardápios de fácil digestão. Carnes gordas são preteridas em favor de filé, frango, vitela e peixe. A sonolência dos convidados ao assistir a uma palestra depois do almoço pode decorrer de um cardápio pesado. Em vez do peixe com espinhas, que desvia a atenção dos assuntos em discussão, a preferência recai sobre carnes fáceis de comer. O cardápio deve incluir proteínas, carboidratos e sais minerais como fontes naturais de energia para enfrentar uma tarde de trabalho.

Menu – Uma refeição em data especial merece um menu impresso, que confere categoria à mesa. Por meio dele os comensais reservam-se para maior dose dos alimentos e bebidas de sua preferência. O cardápio deve ser produzido com a mesma programação gráfica do convite impresso, papel e cor de impressão. Ele fica na mesa entre dois *mise-en-places*, lugares montados. A medida ideal é 17 cm x 8 cm, encimado pelas iniciais do anfitrião e o motivo do jantar.

Cardápio

Entrada: *Mousse de salmão com salada verde*
Prato principal: *Medalhão de filé mignon ou Presunto de Parma e risoto de aspargos*
Sobremesa: *Trio de taças, doce de leite, marquise de chocolate e compota de kiwi*
Bebidas: *uísque, espumante, vinho tinto, vinho de sobremesa. Café e chá.*

Happy hour – Para um final de tarde, como acompanhamento de espumante, vinho, cerveja, suco de frutas e água mineral na jarra com gelo e folha de hortelã, o ideal é contar com um cardápio de salgados em pequenas porções, inclusive tapas. Exemplos: pães, patês e queijos, mousses, salada com legumes em tirinhas. Sopa Vichyssoise gelada (batata, cebola alho-poró e caldo de galinha), torradinhas, guacamole (pasta de abacate temperada), escondidinho de arroz com carne desfiada. Sorvete.

Ver *água, alergia, mesa, pontualidade, restaurante, tapas, vinhos*

Cartão de visita

A imagem de uma pessoa bem relacionada, social e profissionalmente, é fortalecida por seu cartão de visita. No cartão social branco ou creme, tamanho padrão de 9,5 cm x 5,5 cm, basta imprimir o nome por extenso e a cidade onde reside (opcional). Se houver necessidade, a própria pessoa anota telefone e e-mail com caneta ao entregá-lo.

Pessoas com a tendência de escrever mais do que permite um cartão usam o cartão duplo, dobrado em cima (11 cm x 7,5 cm). O nome é impresso na face externa. Leva-se sempre na bolsa e no bolso do paletó um porta-cartões de couro ou de metal, mantendo os cartões impecáveis.

Além dos cartões pessoais, marido e mulher terão o do casal, o nome do marido acima do dela. É mais moderno do que Fulano de Tal e Senhora ou Sr. e Sra. Fulano de Tal.

Entrega – O cartão deve ser entregue com o dedo polegar na borda superior, apoiando os quatro dedos no verso do cartão. O nome impresso fica de frente para leitura imediata de quem o recebe. Por cortesia olha-se o cartão, antes de colocá-lo na mesa de reuniões, no bolso do paletó ou na bolsa. Não se usa mais dobrar a pontinha do cartão, no alto à direita. O costume foi do tempo que se faziam visitas e os cartões eram deixados numa bandeja de prata. O que ainda se faz é uma dobra no sentido vertical do cartão ao entregá-lo, para não ser reaproveitado.

Mensagem – Um cartão tradicional se começa a escrever no verso em branco. O cartão duplo é escrito na face em branco, continuando o texto no verso. Cartões são sempre escritos à mão. Para tornar a mensagem mais íntima, risca-se um traço em diagonal sobre o nome impresso e se assina só o primeiro nome. A vantagem é, em caso de homônimos, estar assegurada a identidade do remetente. O nome impresso riscado, na abertura do envelope, deve estar à vista do destinatário.

Envelope – Ao mandar seu cartão social com envelope, este é sobrescrito à mão. Como os Correios só aceitam a partir de 9 cm x 14 cm, no envelope consta só o nome da pessoa, pois esse é colocado dentro de um envelope maior, onde consta o nome por extenso do destinatário, endereço e CEP.

Profissional – Formato, papel e cor do cartão estarão de acordo com o tipo de profissão e a cultura da empresa em que o indivíduo trabalha. O uso do preto com letras brancas ou vermelhas e o cartão de tamanho tradicional (9,5 cm x 5,5 cm) com a impressão no sentido vertical refletem a imagem de quem lida com criação – designer, ilustrador, dono de restaurante, chef de cozinha, estilista etc. Profissionais que trabalham em casa adotam o termo *escritório residencial*, endereço, nome da cidade e CEP. Ao pé do cartão: e-mail, telefone fixo e celular. Médicos usam em seu cartão o título Dr., sua especialidade abaixo em tipo menor, endereços do consultório e residencial, telefone fixo, celular. É opcional acrescentar um título acadêmico significativo. Aqueles que trabalham também em hospital podem ter outro cartão e abaixo do nome sua função na instituição. Com advogados é a mesma coisa.

Apresentação – O texto deste tipo de cartão depende do grau de intimidade com o destinatário. Pode ser assim: *Prezado Moacir: O portador, meu sobrinho Fernando Silva, deseja saber da possibilidade de colaborar com sua Agência. Desde já, agradeço a atenção que a ele dispensar. Um abraço* (ass.) *Fulano de Tal*".

Identificação – Ao chegar a um escritório com hora marcada, o visitante mostra o cartão à secretária e, ao entrar na sala, o entrega ao destinatário. Não se entrega cartão de visita sem um motivo, informar o endereço à pessoa interessada é um deles. O gesto de duas pessoas que trocam cartões entre si vale como apresentação recíproca.

Ver *apresentação, casamento, presentes*

Carteira

Este tipo de bolsa sem alça é levado na mão esquerda com o braço ao longo do corpo. Outra postura é segurá-la com as duas mãos um pouco abaixo da cintura, para não cortar visualmente a silhueta. A sugestão favorece mulheres de tipo mignon. As muito altas e as cheinhas evitam minibolsa de alça, em desproporção ao corpo.

Casa

Uma visita não pede para ver as dependências da residência. A anfitriã o faz para os mais íntimos. Convidados gentis, no meio da conversa, elogiam o ambiente e algum objeto decorativo, sem perguntar onde foi adquirido.

Ver *aromatizador*, *cabide*, *endereço*

Casamento

O estilo da comemoração de um casamento deve ser definido com antecedência, avaliando orçamento, número de convidados, local da cerimônia religiosa e festa. Há noivos já independentes, que residem juntos, que foram casados ou que têm filhos. Tudo isto terá influência sobre o cerimonial, seja só no civil, religioso ou união estável.

Aliança – Colocada por ocasião do noivado na mão direita, na cerimônia de casamento a aliança passa para a mão esquerda, o lado do coração, como reza a tradição. No interior da aliança da noiva é gravado o primeiro nome do noivo ou suas iniciais junto à data, e vice-versa. Há noivos que usam a troca de alianças como ritual para marcar sua união estável em momento de destaque durante uma festa.

Data – A primeira coisa a definir é a data, para a reserva do templo religioso e o local da festa. As famílias devem ser envolvidas na escolha para evitar datas, de triste lembrança e proximidade de feriadão.

Check-list – Os itens são digitados numa pasta on-line ou num arquivo físico com as propostas dos fornecedores: cerimonialista – convites e calígrafo – ato civil – cerimônia religiosa (músicos, som, tapete, decoração floral, aluguel do carro da noiva, seguranças e manobristas), fotografias, álbum, videomaker, templo religioso, aluguel do espaço para a festa, bufê, bebidas, bolo de noiva, lembrancinhas, decoração floral, som e luz ambiental, lua de mel.

Lista de convidados – Conhecidos os orçamentos, é hora da lista dos convidados, a mais difícil das tarefas, pensando que o conforto deles estará em proporção ao seu número e ao espaço do salão de festas. Geralmente é preciso fazer cortes.

Divisão de despesas – Definida a lista final entre a família do noivo e da noiva, determina-se quem pagará o quê, assunto tratado diretamente pelo noivo e a noiva com as respectivas famílias. Cada uma paga as despesas de alimentação de seus próprios convidados. Há outras despesas que podem ser compartilhadas, mas é a família em melhores condições financeiras que arca com os maiores custos. Importante é que as faturas sejam em nome de quem assumiu o compromisso de pagá-las.

Ato civil – Dois meses antes do casamento, marca-se a data no cartório da zona residencial da noiva ou do noivo. O regime de bens do futuro casal e o nome que a noiva passará a assinar já ficam decididos, bem como o local onde deverá estar o juiz acompanhado pelo escrivão. Se houver também casamento religioso aqueles papéis podem ser encaminhados à igreja e o sacerdote representará o juiz num ato único. Noivos e testemunhas assinarão então duas atas – a do religioso e a do civil.

Só no civil – Num salão de festas, a entrada dos noivos em direção à mesa do juiz pode se inspirar no cerimonial da igreja. Neste tipo de cerimônia, noivos quarentões optam por se dirigirem juntos até a mesa do juiz.

Casamento homoafetivo – Com a legislação brasileira incluindo o casamento homoafetivo, surgiram as festas em torno do ato civil. Há noivos ou noivas que entram juntos no salão ou com as respectivas mães. Ao juiz pode ser solicitada uma saudação especial ao final da cerimônia ou esta ser feita por um celebrante durante a festa.

Por procuração – Um noivo que reside no exterior prepara seus papéis na embaixada ou no consulado brasileiro. À hora de assinar o registro civil, no Brasil, ele será representado por um familiar ou um amigo. Há famílias que fazem uma festa, da qual o noivo participa através de videoconferência.

Padrinhos – Num relacionamento mais formal, no mínimo três meses antes do casamento, os noivos convidam os padrinhos para que eles possam se preparar. O número de padrinhos pode variar, mas na ata da união civil bastam as assinaturas dos noivos e duas testemunhas. Se um dos padrinhos estiver impossibilitado de comparecer, liberará logo os noivos para escolherem substituto. É complicado fazer um convite de última hora ao substituto de um padrinho. Por isto deve ser feito a uma pessoa íntima que entenda a situação. Leva-se em conta o espaço no altar. Com quatro casais de cada lado, mais os pais dos noivos, pode ser difícil alinhá-los. Os padrinhos ficam então de pé, à frente do primeiro banco da capela, no lado que corresponde ao do respectivo afilhado no altar.

Convites – Quando o convite para a festa, após o religioso, é para todos os convidados, consta abaixo: *Após a cerimônia religiosa, os noivos receberão no salão tal, endereço...* Há noivos que, por não fazerem grande festa, preferem às vésperas do religioso receber parentes, padrinhos e amigos íntimos para um jantar. No convite é informado: *Os noivos receberão os cumprimentos na igreja.* Importante é anexar um cartãozinho avisando sobre o estacionamento disponível. O nome dos pais é citado por extenso, o dele acima do dela, sem títulos. Usa-se a expressão latina *in memoriam*, entre parênteses, ao lado do nome de um dos pais falecidos. Quando são os noivos que convidam e aparece sua filiação, abaixo em tipo menor, a expressão *in memoriam* é igualmente citada. O *dress code* (tipo de traje para a ocasião) deve constar no convite, com a mini-ilustração de uma gravata ao lado de "traje passeio". Se houver um X no desenho é sinal de paletó sem gravata.

Participação – Quando não houve festa ou não foi possível convidar mais pessoas, usa-se mandar uma participação do casamento entregue no dia seguinte, encimada pelos nomes do novo casal, o do marido primeiro. Se houver intimidade, esta participação pode ser feita por e-mail.

Casos especiais – Viúvos e divorciados, ao se casarem com uma moça solteira, que ainda reside com os pais, optam por um convite retangular, dobrado ao meio, os pais da noiva convidando, à esquerda, e o noivo à direita. Usam-se também dois cartões (15 cm x 20 cm) colocados no mesmo envelope: um dos pais da noiva, outro do noivo. Quando um dos noivos for estrangeiro, é elegante enviar dois convites no mesmo envelope, um em português, o outro no idioma do noivo. O cartão impresso na língua do destinatário está dentro do envelope sobre o outro, para que seja visto logo.

União estável – São cada vez mais frequentes os casamentos de fato comemorados com uma festa, que oficializa a união perante a família e amigos. Em vez de citar casamento, os noivos convidam para a *comemoração de sua união.*

Rito católico – Noivos, pais, padrinhos e convidados se comportam de acordo com um ritual religioso, cujo cerimonial impõe marcações. Escolhida a data do casamento religioso, os noivos apresentam certidão de batismo e certificado de curso de noivos que, dependendo do pároco, pode ser dispensado.

Sermão – É recomendável conversar antes com o padre, se há pais recém-divorciados ou uma situação familiar traumática, para o sermão não enfatizar assunto que possa gerar constrangimento. Noivos que são filhos e netos de casais que já comemoraram bodas de prata e de ouro terão o fato citado no sermão.

Seleção musical – Com antecedência, são avaliadas as condições do som da igreja. Música ao vivo emociona, desde que seja bem cantada e interpretada. Nem todas as igrejas aceitam música popular no repertório para a ocasião. Cinco melodias podem marcar as partes principais do rito católico: entrada do noivo e padrinhos, pausa aguardando a noiva, entrada triunfal da noiva, bênção das alianças e saída do cortejo. No final o padre abençoa e cumprimenta os noivos, e o novo casal se beija. Segue-se a saída dos noivos com o cortejo.

Rito evangélico – A cerimônia é semelhante à católica, mas para os evangélicos é uma bênção, e não um sacramento. Dois meses antes é feita a inscrição na secretaria da igreja, sendo exigidas certidão de batismo cristão, de confirmação e a habilitação para o casamento civil, fornecida pelo cartório. Um mês antes, há uma entrevista com o pastor e acerto dos detalhes.

Rito judaico – A data na sinagoga é marcada com seis meses de antecedência. Não pode ser sexta-feira ou sábado, só após o nascimento da primeira estrela. São dois rituais: o ortodoxo, mais conservador, e o reformista. À entrada da sinagoga, todos os homens recebem um solidéu, *kipah*, um barrete como o dos bispos. O noivo, além do *kipah*, usa o *talit*, o manto sagrado, retangular, que é usado pelos homens durante as orações. Não é mais necessário as mulheres estarem de chapéu, como era exigido antigamente. A noiva tem o rosto coberto pelo véu, seguindo a tradição, para demonstrar confiança cega no marido e não se expor ao olhar de outros homens. Para beber vinho do cálice oferecido duas vezes pelo rabino aos noivos, a noiva ergue um pouco o véu. Ao final o noivo, com as duas mãos, libera o rosto da noiva, afastando o véu para trás sobre a grinalda, com as duas mãos, e a beija.

Cortejo – Nos casamentos de rito ortodoxo, o noivo entra na sinagoga entre os pais e se dirige à *chupah*, o pálio, seguido pelos padrinhos. A noiva entra depois, com os pais. Sob a *chupah*, ela fica à direita do noivo, ao contrário do casamento cristão.

Rito ecumênico – A cerimônia é realizada no local da festa para noivos de diferentes credos, e deve ser combinada com os representantes das duas religiões. É uma bênção dada pelo padre e o rabino diante de uma mesa coberta por toalha branca e flores, onde pode ter sido realizado o ato civil. Enquanto o sacerdote católico abençoa os noivos, o som de uma ave-maria perpassa o ambiente; no momento do rabino, é ouvida uma melodia típica judaica.

Pontualidade – O trajeto do carro até o local da cerimônia deve ser testado num mesmo dia da semana e horário em que se realizará o casamento, garantindo a pontualidade do noivo, dos pais, dos padrinhos e das aias. A noiva chega depois deles, com seu pai ou aquele que vai levá-la ao altar, num carro de quatro portas com motorista. Ela senta-se no banco traseiro, no lado que corresponde ao da calçada da igreja.

Cumprimentos – Após o ato religioso, os noivos e os pais ficam no átrio da igreja, a mãe da noiva é a primeira, da esquerda para a direita, sendo também a primeira a ser cumprimentada, seguida pelo pai da noiva, a noiva, o noivo, sua mãe e o pai. Quando todos os convites se estendem à festa, os cumprimentos são recebidos no local da recepção.

Chuva de arroz – Ver *arroz*

Festa – Se acontecer após a cerimônia religiosa, haverá uma pessoa da família para receber os primeiros convidados, até os pais dos noivos chegarem. No caso de um casal amigo emprestar a residência, a senhora receberá também os convidados, num segundo plano em relação aos pais dos noivos. Com os convivas presentes, os noivos entram no salão, ao som de uma música especial em alto volume, sendo aplaudidos de pé. Eles "visitam" cada uma das mesas para tirar fotos com os convidados e receberem os cumprimentos.

Lugares à mesa – Aos noivos é destinado o lugar de destaque, de frente para a porta de entrada do salão. Eles sentam na posição em que ficaram no altar, vistos de frente, ele à direita dela. Ao lado da noiva, sua mãe seguida pelo pai; a mãe do noivo, ao lado dele, com o pai; os irmãos de frente para eles. Essa mesa será para doze pessoas, mas se tiver um metro de largura, serão usadas as duas cabeceiras e acolherá catorze pessoas. Se uma das famílias envolvidas possui uma antiga e bela toalha branca, é ocasião para vestir a mesa com ela. Para formar uma mesa mais divertida, alguns noivos preferem sentar com padrinhos e amigos.

Agradecimentos – Os cartões podem ser postados, e os noivos aproveitam para oferecer sua residência com endereço completo e telefone. Estes cartões são incluídos na encomenda dos convites, com vantagem de custo. Há noivas de apurado senso de organização que anotam no cartão a respectiva lembrança recebida.

Casamento duplo – Cada uma das noivas tem seu momento, e a porta da igreja é fechada e reaberta duas vezes, para aguardar a entrada de uma e outra. O noivo da mais velha abre o cortejo com sua mãe, seguidos pela mãe da noiva e o pai do noivo e os padrinhos. A noiva chega com o pai, recebidos pelo noivo, e o casal sobe ao altar, ele à direita dela, deixando espaço para os outros noivos. Enquanto o pai das noivas sai da igreja pela lateral para buscar a segunda filha, o segundo noivo entra com a mãe e os padrinhos no cortejo. Tudo acontece igual ao primeiro casal, só que este noivo dará o braço direito a sua noiva, ao se encaminharem até o sacerdote, para as duas noivas ficarem ao centro, lado a lado. Em outro cerimonial, as noivas entram juntas, com o pai ao centro. Quando os noivos são irmãos, entram com a mãe, seguindo o esquema do cerimonial da entrada das noivas.

Ver *aluguel de roupa, bodas, celebrante, cerimonialista, convites, cortejo, festas, fotografia e vídeo, mesa, noivado, pontualidade, presentes, traje*

Caviar

O verdadeiro caviar é preto, originário das ovas da fêmea do esturjão, peixe do mar Cáspio que está em extinção devido à poluição das águas. Há variedades mais acessíveis, como o beluga de ovas maiores, o sevruga de ovas pequenas de coloração negra ao cinza claro, e coral vermelho de peixes de outras águas. O Brasil começa a industrializar caviar, com ovas de tainha recolhidas no mar de Santa Catarina, vendido a preços bem mais confortáveis que os do caviar importado. O caviar brasileiro já está sendo exportado para China e Taiwan.

Serviço – O caviar é oferecido sempre gelado, num recipiente de vidro fixado num suporte de metal para o gelo picado. A iguaria é colocada com uma faquinha na torradinha, ovo cozido picado e cebola ralada por cima. Outro modo de comer caviar é sobre uma minipanqueca, chamada *blinis.* As bebidas que harmonizam melhor com caviar são o espumante e a vodca.

Celebrante

Profissional que conduz as formalidades de uma celebração ou cerimônia com palavras alusivas à motivação do evento. Importante que ele ou ela tenham boa voz e dotes de orador. Em festa de união estável, o celebrante ocupa o espaço do sacerdote e do juiz. Neste caso, se houve ato civil antes, esse fato deve ser mencionado.

Ver *casamento, festa de debutante*

Celular

Seu multiuso em ocasiões inadequadas torna-o uma fonte de descortesia. É falta de atenção com os presentes, durante uma reunião, olhar o Facebook e passar mensagens. No cinema e no teatro, a luz da telinha perturba a plateia e distrai os atores no palco.

Atitudes – Namorados se desconsideram mutuamente quando, à mesa de um restaurante, ficam acionando os respectivos celulares. Em sala de aula, o professor dá o exemplo não usando celular, exceto se aguarda informação importante, o que avisa antes aos alunos. O celular é usado como ferramenta de trabalho pelos alunos para anotações e consultas. Cada vez que um aluno sai da sala para atender o celular, perturba os colegas e perde a sequência da aula. Sábio é quem usa o celular para dele servir-se, e não para se deixar escravizar.

Selfie – A palavra é um neologismo do inglês *self-portrait*, autorretrato tirado por celular em circunstâncias especiais, para registrar encontros do fotógrafo com uma ou mais pessoas. Em viagem se usa muito esta tecnologia oferecida pelo celular para incluir o fotógrafo em cenários marcantes. São os fãs de celebridades que mais estimulam o clique para um selfie. Evitando serem invasivos, eles sempre pedem licença antes de fazer o convite para fotografar. Há locais impróprios para selfies: velório é um deles.

Ver *telefone fixo*

Cerimonial

É a organização de eventos com um conjunto de formalidades, estabelecendo uma sequência de atos. Chama-se de cerimonial o setor administrativo de um palácio ou órgão público que trata das relações de cordialidade entre autoridades e da sequência de uma cerimônia. Uma das funções do cerimonial é determinar os lugares à mesa, de acordo com a hierarquia entre os participantes para estabelecer as precedências.

Ver *fita inaugural, precedências*

Cerimonialista

Profissional que segue um cerimonial de festa e providencia seus detalhes. Com uma relação variada de fornecedores – florista, gráfica, decorador, profissionais de alimentação e outros itens –, o cerimonialista contratado reduz problemas, permitindo que os noivos e as mães fiquem mais tranquilos para usufruir os momentos felizes. Algumas vezes até reduz o valor de uma produção de evento pela escolha abalizada de fornecedores.

Cerveja

A bebida surgiu por volta de 6000 a.C. Do Egito ela passou para a Grécia e outros países europeus, sendo a predileta dos povos do Norte da Europa. A cerveja, como o vinho, era produzida em mosteiros. Os holandeses a trouxeram para o Brasil no século XVII e fizeram em Recife sua primeira fábrica, que logo se espalhou pelo Nordeste, em reuniões de família, para só na passagem do século XIX para o século XX serem desenvolvidas as grandes fábricas. As palavras cerveja em português e *cerveza* em espanhol são derivadas do latim *cervisia*. Mas *bière* em francês, *bier* em alemão, *beer* em inglês e *birra* em italiano vêm de *bre*, que significa cevada em hebraico.

Composição – A cerveja contém água, malte, lúpulo, levedura e, modernamente, até frutas. Sua qualidade depende muito da pureza da água, que representa mais de 90% da bebida, enquanto a graduação alcoólica parte de 2,5% para um teor máximo sem limite.

Chope – Versão mais leve e não pasteurizada da cerveja, acondicionada em barril sob pressão com validade de duas semanas.

Temperatura – É servida de acordo com seu tipo. Garrafas e latinhas de cerveja são colocadas em balde com gelo e água para manter a temperatura. Uma Pilsen clara é ideal entre dois a quatro graus, enquanto a Barley Wine, cor âmbar, por seu alto teor alcoólico, exige de nove a treze graus. Mas os ingleses preferem bebê-la à temperatura ambiente.

Degustação – A presença da mulher em cafés e botecos ampliou o consumo de cerveja mundialmente. Em geral, as mulheres preferem-na com fundo um pouco adocicado e bom nível de extrato de malte. Na degustação, avaliam-se cor, espuma, aroma, amargor e sabor para concluir o equilíbrio entre suas propriedades.

Copos – Bares e bistrôs recebem com as primeiras caixas importadas um "enxoval" de copos e canecas de vidro correspondentes a cada marca de cerveja. (Para o chope, basta o copo tradicional longo ou pequeno.) Em linhas gerais, é o copo incolor e transparente bem limpo e de boa qualidade que permite avaliação mais objetiva da bebida. Deixar o copo vazio no refrigerador, baixando sua temperatura até o vidro ficar embaçado, valoriza a cerveja ao ser degustada.

Harmonização – A variedade das cervejas sugere harmonizações com os pratos de gastronomia. Experts dividem-nas em três estilos gerados por tipos de fermentação baixa, alta e espontânea, respectivamente denominadas Lager, Ale e Lambic. O primeiro estilo, em geral, harmoniza-se com os petiscos de botecos. Para entradas leves, cervejas de pouco álcool; escuras combinam com carne de cordeiro, uma Guinness vai bem com ostras e frutos do mar. Reserva-se para a sobremesa uma cerveja ácida, com adição de cereja e framboesa, oferecida no copo *flûte* (para espumante).

Como servir – Verte-se a cerveja com a garrafa na distância de dois dedos da borda do copo, inclinado a 45 graus para não transbordar. Ao servir cerveja de trigo provoca-se a mistura do fermento decantado na garrafa, agregando sabor e corpo característicos. Assim como os vinhos espumantes, pode-se servir cerveja durante toda uma refeição.

Chá

O chá tradicional é extraído de uma árvore, a *camellia sinensis*, plantada na China, no Japão, na Índia, no Ceilão e no Sri Lanca. Suas folhas passam por método de prensa, fermentação e secagem. Há chá verde, preto e branco feitos dos brotos da *camellia sinensis.* O hábito de tomar chá preto com gotas de leite ou sumo de limão na xícara foi introduzido no Brasil pelos portugueses. Em 1810, d. João VI mandou buscar na China mudas de chá, que mandou plantar no Jardim Botânico do Rio de Janeiro. Apesar do solo favorável, o Brasil só produz chá por infusão de camomila, cidró, boldo e outras ervas.

Degustação – Tem muito a ver com a dos vinhos. Também há sommelier que avalia cor, sabor e densidade do chá, de acordo com o *terroir* (terreno de plantio). O chá verde suave e seco se harmoniza com sushi e patê foie gras; o escuro, com mousses e tortas de chocolate.

Preparo – A proporção de ingredientes é 250 ml de água fervente e duas colheres de sobremesa de erva ou um sachê. A água ferve uma só vez para ser vertida no chá, desprendendo mais aroma e sabor. Após três a cinco minutos, o chá atinge o ponto preferido.

Serviço – O chá é servido coado no bule ou na xícara sem açúcar. Ao oferecê-lo, pergunta-se: "Com açúcar ou adoçante?", e a pessoa faz a opção. Apresenta-se a caixa de sachês (saquinhos) de diversos sabores de chá para escolha. Na bandeja se oferece o bule com água fervente, açucareiro, adoçante e tigelinhas para os sachês usados.

Ver *blend, tira-gosto, xícara*

Chá de fralda

Ver *crianças*

Chá de panela e chá de bar

O primeiro é da noiva, o chá de bar é do noivo, que recebe bebidas de presente para seu futuro bar e adega. São eventos descontraídos promovidos pelos padrinhos e amigos da noiva e do noivo pouco antes do casamento. Em geral acontecem nas tardes de sábado e domingo; em dias de semana, nas primeiras horas da noite. À entrada do local há carrinhos de supermercado ou um outro lugar apropriado para colocar os pacotes de presentes.

Convites – Simples e bem-humorados, podem ser feitos em computador e enviados por e-mail, com a lista dos presentinhos. Não é interessante colocá-los antes no site dos noivos, por serem reuniões íntimas com poucos participantes.

Cardápio – No chá de bar as bebidas incluem vinho, cerveja e refrigerantes. Entre os salgadinhos, torta fria, sanduíches, pães e patês. Docinhos. Para o chá de panela, em vez de chá quente é mais prático servir refrigerantes e chá gelado em latinhas colocadas num recipiente com gelo, canudinhos e guardanapos descartáveis à vista.

Brincadeiras – É preciso conhecer o temperamento da noiva ao fazer brincadeiras que podem constrangê-la. Uma delas é adivinhar o que está contido em cada pacote de presente e, a cada erro, ser impelida a retirar uma peça da roupa que veste.

Ver *coquetel, noivado, presentes*

Chá do bebê

Ver *crianças*

Champanhe

O nome é registrado pela região de Champagne (França), onde a bebida foi processada pelo monge Dom Perignon no século XVII. Ele observou que certo vinho engarrafado por mais tempo do que o usual fermentou de novo, estourando a rolha e quebrando a garrafa. Usou então garrafas mais resistentes e rolhas fixadas com presilhas, provocando nova fermentação, que foram deixadas de cabeça para baixo para concentrar no gargalo as impurezas a serem eliminadas.

Registro – Só então o monge fez o engarrafamento definitivo. Estava inventado o champanhe. A palavra champanhe só pode ser usada em referência à bebida produzida na região de Champagne. Por isso, em português se diz espumante, em italiano, *spumante,* em espanhol, *cava,* no alemão, *sekt* e em inglês, *sparkling wine.*

Como servir – O espumante é sempre uma celebração. O brut ou sec é servido no início da refeição, passando ao demi-sec (quase seco) à hora da sobremesa. Mas também pode ser bebida única. O espumante é vertido no cálice vagarosamente, em pouca quantidade, para ser completado, aos poucos, com as borbulhas. A temperatura ideal para servi-lo é de quatro a seis graus, acentuando seus aromas e garantindo o desprendimento mais lento do gás carbônico nas borbulhas. A garrafa mantida no balde com gelo é envolvida com um guardanapo para a bebida ser vertida no cálice.

Tipos de cálice – O de maior uso é o *flûte,* em forma de flauta, porque sendo alongado e estreito mantém as borbulhas do espumante por mais tempo. A taça é bojuda com a borda larga, ideal para servir também coquetéis, saladinhas e doces. É numa taça que se prepara o Kirr, vertendo o vinho branco na própria e acrescentando em fio 8 ml de creme de cassis. A decoração na borda é com *twist,* casca de limão siciliano cortada em tirinha enrolada. O preparo do Kirr Royale é igual ao do Kirr, mas em vez de espumante usa-se vinho branco ou rosé.

Ver *brindes, canudinho, copos, espumante*

Chapéu

Este acessório fez parte da indumentária até a metade do século XX, quando os homens levantavam o chapéu da cabeça para logo recolocá-lo ao cumprimentar alguém, ficando de cabeça descoberta ao entrar em lugares fechados. Homens educados que hoje retiram o boné ao sentar-se à mesa e tocam nele como forma de cumprimentar mantêm o hábito como um resquício das boas maneiras do passado.

Uso feminino – Como agasalho se adotam chapéus de feltro e gorros durante o frio para todas as ocasiões. Como complemento é usado enquanto houver claridade diurna. Nas últimas décadas surgiu a moda dos enfeites de cabeça, pequenos chapéus e flores chamados de *fascinators*. Usar chapéu no século XXI, só em raras ocasiões, como cerimônias de casamento, pela manhã e até as 17h.

Ver *traje*

Charuto

Trata-se de um tipo de fumo refinado para ocasiões especiais, após refeições, casamentos, nascimentos ou no fechamento de um bom negócio. Fumantes pedem licença às senhoras para acender o charuto. Raríssimo uma mulher fumar charuto. No Brasil, no século XX, Eugênia Álvaro Moreyra, esposa do escritor gaúcho Álvaro Moreyra, foi uma delas.

Ritual – O charuto oferecido pode ser recusado. Gafe é agradecer e colocá-lo no bolso do paletó para levar para casa. A ponta do charuto é cortada com tesoura especial vendida em charutarias. Ele não deve ser tragado, pois, além da percepção gustativa estar na língua, a fumaça forte agride os brônquios. O gosto do tabaco se torna mais apurado quando o charuto é acompanhado por um conhaque. Não se apaga charuto no cinzeiro, devido ao desagradável odor exalado. Correto é abandoná-lo no cinzeiro, quando resta um terço dele, para "morrer dignamente".

Chope

Ver *cerveja*

Cigarro

Pesquisas médicas sobre os males que o fumo causa à saúde e as campanhas contra o vício motivaram novas posturas. É depreciativo no século XXI ter este vício. Por isto, um visitante deve observar se há cinzeiro numa sala antes de pegar sua carteira de cigarros. Em caso negativo, sabe que não é permitido fumar naquele ambiente.

Atitudes – Quando há intimidade, o fumante pergunta se existe um lugar onde possa fumar. Anfitriões previdentes oferecem uma janela aberta num espaço com pequenos cinzeiros à disposição. Nos restaurantes persiste o respeito aos não fumantes, e a saída para aqueles que mantêm o vício é fumar ao ar livre.

Cinema

Pontualidade é básica para o público bem-educado. Com o filme iniciado, pensa-se duas vezes antes de fazer os espectadores de uma fila inteira levantarem-se para dar passagem. Os bons hábitos são cultivados desde cedo nas crianças. Conversar, comer bala e pipoca fazendo barulho com o papel ou ficar na ponta da cadeira, marcando o ritmo da música com os pés, perturbam o público sentado próximo.

Ver *celular, namorados*

Cinto

Na mesma cor da roupa, alonga a silhueta feminina e masculina. Mulheres de cintura curta evitam cintos largos e optam por vestidos soltos ou túnicas e camisas. Um quadril avantajado prescinde o ajuste de cinto e faixa abaixo da cintura, que destacam ainda mais essa parte do corpo.

Ver *traje*

Civilidade

Conjunto de formalidades praticadas pelos cidadãos baseado no respeito mútuo: "Não faça ao outro o que não quer que façam a você". Polidez, boas maneiras, educação, urbanidade e cortesia são práticas de civilidade. Jogar lixo na rua, atravessar fora das faixas de segurança, ultrapassar o carro diante do sinal fechado agridem o bem-estar comum.

Clericot

É um ponche preparado com frutas cortadas que ficam em infusão numa jarra com gelo, açúcar e duas doses de Cointreau ou licor Grand Marnier. Ao servir, completa-se a jarra com espumante, vinho branco ou rosé. Serve-se o clericot em copos de vinho ou nos copos altos para refresco. Ao final, com uma colher longa para drinque, comem-se os pedaços de frutas.

Ver *ponche, sangria*

Cliente

É a pessoa que usa da prestação de serviços. A arte de vender tem por princípio o cliente estar sempre com a razão. Como na prática não acontece bem assim, o vendedor é treinado para dialogar com educação, ouvindo o cliente expor seu problema. O vendedor se esforça para ser justo, ainda que acarrete prejuízo para a empresa, estimulando que o cliente volte. Por isso, só em último caso a reclamação não é acatada.

Clube

As transformações dos costumes e da economia exigem que os clubes sejam administrados como empresas para garantir a sobrevivência. Faz parte a presença da mulher em cargos de diretoria. Do associado espera-se um comportamento de acordo com os estatutos do clube, tanto na área social quanto esportiva.

Convívio – O associado que deseja levar a um evento um familiar não incluído entre seus dependentes avisa ao clube com antecedência. Caso contrário, não terá direito de reclamar se o acompanhante for vetado na hora. Reclamar para um diretor social, durante a festa, um detalhe sem solução é incorreto. Deixa-se para o dia seguinte.

Coffee break

Este tipo de lanche é servido na pausa de palestras com a presença de autoridades, empresários e em cursos de treinamento. O termo inglês significa pequeno intervalo de uma programação para tomar café. A mente tem um limite para assimilar informações, e uma pausa como o *coffee break* oportuniza descanso e confraternização.

Colares

Conferem novo visual a uma mesma roupa. Chanel era adepta das joias *fake* (falsas) usadas como tal, a começar pelas pérolas. Mistura-se bijuteria e joia, numa só produção, desde que a joia seja discreta – um brinco de ouro – e a bijuteria com brilho e elementos dourados, harmonizada ao conjunto. É gafe perguntar a uma amiga se o seu pingente de brilhante na corrente é joia verdadeira.

Colher

Sua origem está na pré-história, quando o homem deduziu que poderia tomar água na concha. A colher compõe o trio de talheres com o garfo e a faca, sendo utilizada também como medida padronizada de ingredientes de culinária. A colher de sopa cheia corresponde a quinze centímetros cúbicos de líquido; a de sobremesa, a dez, e a de chá a cinco. As colheres menores são de cafezinho. A colher do açucareiro é semelhante a uma pazinha. A colher do gourmet é mais rasa que a de sopa, com uma abertura lateral para o recolhimento da sobra do molho no prato individual. É raro ser usada.

Etiqueta – A colher de sopa é colocada nos lábios de lado, e não na ponta, como quem toma xarope ou dá de comer a outra pessoa. É deselegante revirar a colher na língua, aproveitando o doce até o fim.

Há colheres grandes que acompanham garfos do mesmo porte para a pessoa se servir à francesa, da travessa para o seu prato. A colher fica na mão esquerda para se retirar o alimento da travessa, com o garfo por cima exercendo uma leve pressão.

Há uma colher oval de origem japonesa em porcelana com as bordas altas que se difundiu no Ocidente após a Segunda Guerra Mundial. Ela corresponde a uma miniporção de quitutes cremosos para aperitivo. Costuma ser oferecida com guardanapo descartável, que lhe serve de apoio na mão esquerda, sendo pega no cabo pela mão direita. Come-se a porção de uma só vez, deixando-a sobre o guardanapo numa mesinha ou bandeja oferecida pelo garçom. Estas colheres podem ser apresentadas enfileiradas sobre uma bandeja e servidas como se faz com salgadinhos e docinhos.

Ver *talheres, tapas, serviço, sobremesa*

Comida japonesa

O mundo ocidental rendeu-se a ela nos restaurantes especializados que proliferam. Leves e saudáveis, os quitutes japoneses são degustados devagar, agradando principalmente aos jovens preocupados com uma alimentação saudável. Ao convidar alguém para jantar, convém perguntar se aprecia este tipo de comida. É da boa educação saber manusear as duas varetas (*hashi* em japonês, *chopsticks* em inglês), correspondentes aos talheres ocidentais.

Ver *hashi, sushi, talheres*

Compras

Revisar o guarda-roupa, anotando o que falta, e se desfazer do que estiver fora de uso é indispensável antes de fazer compras de acordo com o orçamento e as necessidades. Também em relação à aquisição de peças para o lar se deve ter o mesmo critério. Preferem-se horários de menor movimento no comércio para fazer essas novas escolhas.

Comprar bem – Convém estar confiante no ato da compra, e muito ajuda estar com um visual bem-cuidado quando se vai adquirir roupas e complementos do vestuário, incluindo roupa íntima e sapato. Presta-se muita atenção ao selo de qualidade, com informações da composição dos materiais e o modo de conservação da peça. Há tecidos que não resistem à máquina de lavar; outros, ao ferro. As malhas são mais sensíveis ainda. Cuidado com o primeiro impulso face às liquidações. Não adianta comprar um blazer barato se a cor não combinar com calças e saias no guarda-roupa. Sempre vantajoso é adquirir uma peça clássica, usável por muitas estações.

Computador

Quando alguém está digitando, evita-se interrompê-lo abruptamente, dar-lhe um abraço ou tocá-lo no braço, para não bater nas teclas e deletar parte do texto. Em sala de aula são admitidos iPads, desde que necessários como ferramentas para anotações.

Ver *celular*

Condomínio

O relacionamento daqueles que residem num condomínio deve ser de respeito mútuo. Quando um apartamento está em obras e ficam alguns pontos de sujeira na área de condomínio, seu proprietário deve providenciar que seja feita limpeza.

Piscina – Crianças bem-educadas não jogam bola nos adultos em volta, nem fazem brincadeiras na água. Ritmos em alto som perturbam o bem-estar nessa área, sendo recomendáveis os fones de ouvido. Um vizinho não leva seu poodle para passear no jardim sem o plástico para recolher as fezes do animal, como se faz nas praças.

Síndico – Ele não é empregado dos condôminos, exerce o cargo em benefício do bem comum. Reclamações por telefone ou bater na porta antes das oito da manhã ou após as dez da noite, só não é abuso em caso de extrema urgência. Numa reunião de condomínio as ponderações são objetivas, sem monólogos e discussões acirradas.

Ver *elevador, salto, sapato*

Convenções

A programação de congressos, assembleias e encontros de entidades de classe segue protocolo e cerimonial. As inscrições são feitas com grande antecedência. Se houver dúvida sobre o *dress code*, pede-se informação por e-mail à organização do evento.

Lugar dos cônjuges – Quando uma cerimônia envolve as esposas e os maridos de autoridades, a eles é dado tratamento equivalente ao dos cônjuges. Na maioria das convenções as senhoras ficam na primeira fila do auditório, na mesma disposição dos maridos à mesa principal. O marido da diretora da empresa que realiza a convenção senta-se na plateia, junto a um alto executivo ou convidado importante. É comum, na programação de um evento empresarial, haver programas *only for ladies* (só para mulheres), como chás e almoços. A disposição de lugares à mesa de honra obedece ao esquema das precedências a que elas têm direito em função do cargo dos seus maridos.

Ver *cerimonial, traje, protocolo*

Conversa

Expressar-se com clareza, num tom de voz audível, é a chave para uma conversa agradável que se transforma na alma do encontro. A forma mais fácil de iniciar um assunto é comentar elogiosamente sobre algum objeto do ambiente; o motivo da reunião; o vestido da anfitriã e a decoração. Pessoas que interagem com facilidade são mais solicitadas para festas e jantares. Saber ouvir, demonstrando interesse com o olhar, é um modo de marcar presença, dando importância ao interlocutor e respondendo a perguntas.

Tempero da palavra – Por mais saborosa que seja a comida, faltará tempero a uma reunião se não houver diálogos. Cabe aos donos de casa, quando um dos convidados estiver num longo monólogo, aproveitar uma de suas pausas para mudar a conversa a assunto de interesse geral. A forma de fazê-lo é iniciando uma frase com "a propósito, vocês viram que...". Um recém-chegado que se aproxima de um grupo com a conversa andando é colocado a par, em breves palavras, do assunto.

Ver *anfitriões, nome, perguntas*

Convidado

Reunir em casa pequeno grupo de pessoas que nada têm a ver entre si, só para retribuir gentilezas, é correr o risco de criar um ambiente monótono. Mas incluir um amigo de conversa agradável fora de um grupo homogêneo, capaz de injetar novos assuntos, é interessante.

Agenda – Pessoas que recebem muitos convites têm agenda social com data, nome dos anfitriões, endereço, e-mail, faixa etária, atividade profissional e alguns dados pessoais dos seus anfitriões. O cardápio servido também é digno de registro, para não haver repetição ao retribuir o convite.

Lista – Nos encontros informais, de seis a dez convidados, cuida-se de não reunir pessoas que tiveram rusga recente, pois num espaço pequeno estar frente a frente é constrangedor. Ao convidar uma pessoa, citam-se alguns convidados que estarão presentes, dando margem a ela de agradecer e dar um pretexto para não comparecer. Em grandes festas, no entanto, a preocupação só persiste ao marcar os lugares à mesa: seria uma gafe sentar lado a lado dois desafetos. A lista é digitada em ordem alfabética do nome dos convidados, com telefone e e-mail para futuros contatos.

Convidado do convidado – Quando se pensa incluir alguém no convite de uma reunião, avalia-se primeiro sua afinidade com os anfitriões. Telefona-se sempre perguntando da viabilidade de incluí-lo. Por melhor que esteja uma festa, se é a primeira vez que se vai a uma casa, sai-se bem antes do último convidado. Um convidado já confirmado, impedido de comparecer à última hora, avisa para que não fique lugar vago.

Despedida – Ao se despedir dos anfitriões, além dos agradecimentos, se diz uma palavra de agrado pelos momentos proporcionados, elogiando o ambiente e algum prato do jantar. Numa reunião de pouca gente, quando o convidado sai cedo, discretamente fala com os anfitriões, dá uma desculpa viável e, ao se despedir, não prolonga a conversa junto à porta. Diante do visível cansaço de um ou outro dos anfitriões, é hora de se despedir. Um dos sinais é os anfitriões não mais oferecerem bebida.

Ver *agenda, flores, horário, lembrancinhas, mesa, pontualidade, presentes*

Convites

Todo convite feito verbalmente, via internet ou impresso deve dar resposta às perguntas do convidado: data e dia da semana, horário, endereço, motivo do evento, tipo de traje. Se houver jantar, deve ser comunicado ao fazer o convite, para o convidado não comer antes de sair e manter pontualidade. No caso de prato único, este é especificado para alertar os alérgicos a camarões, por exemplo, ou a quem não aprecia um prato diferente, como mocotó. O convidado sendo franco dará margem ao preparo de uma segunda opção.

Como convidar – Quem recebe um convite num encontro casual fica na dúvida se teria mesmo sido lembrado. Por isso, só será considerado quando for confirmado por telefone ou e-mail. "Vocês têm algum compromisso para a noite de sexta-feira?" não é uma forma hábil de convidar à viva voz, porque se a pessoa estiver livre, mas não desejar comparecer, fica difícil dar uma desculpa delicada. É constrangedor fazer um convite diante de terceiros que não estarão incluídos. Convite ao telefone feito por recado só vale se a pessoa fizer novo contato pessoal.

Mais anfitriões – Há festas em que os convites são feitos por mais de dois anfitriões, comum em festas de debutantes e pós-formatura. No verso do envelope vai o nome do remetente, para o convidado saber quem o enviou.

Jantar participativo – A realidade econômica se impõe: o anfitrião deseja ampliar o número de convidados e cada um pagará sua despesa. Importante é que estas pessoas sejam informadas, ao receberem o convite à viva voz ou por escrito. Em vez de "eu convido", o aniversariante dirá: "Ficarei muito feliz se você comparecer ao jantar participativo pelo meu aniversário". Por e-mail sempre é melhor para fixar os dados. Também exige confirmação.

Convite impresso – Significa mais planejamento e deve espelhar o estilo da reunião a partir da cor do papel, formato e texto. Em vez de *tem a honra de convidar* (muito pomposo) usa-se *pede a sua presença*. A data e o ano são escritos por extenso. É aconselhável, também nos convites de viva voz, acrescentar-se à data o dia da semana. Não se usa em convite impresso títulos, como Dr.

Entrega – Convites de padrinhos e parentes próximos e pessoas que se queira distinguir são entregues pessoalmente, de preferência em mãos. Em geral se utiliza uma rede de confiança de motoboys. São postados os convites fora da cidade do evento.

Save the date – Pedido de reserva da data, feito por correspondência postal ou e-mail, enviado com três meses de antecedência do evento ou mais, quando o convidado reside em outro país. O convite é entregue no mínimo três semanas antes.

Como sobrescritar – Ganha refinamento o convite com envelope, no qual o nome do destinatário é caligrafado, sem o endereço, como se vê nos convites de casamento, bodas, festa de quinze anos e eventos empresariais. Um convite extensivo aos filhos que ainda residem com os pais é dirigido a Fulano de Tal e Família. Na confirmação de presença será informado o número de pessoas. Quando é dirigido só ao casal, os dois são nomeados.

Ver *envelope, impresso, in memoriam, siglas*

Tratamento – Raramente se emprega Ilmo.(a) e Exmo. (a) antes de Senhor (a). Usa-se dirigir o convite de casamento informalmente para padrinhos, avós, tios e amigos íntimos: *Aos queridos padrinhos Robert e Maria Alice* ou *Ao amigo Mário.*

Mulher – O fato de a maioria das mulheres manter o sobrenome de solteira sugere sobrescritar os envelopes com os dois nomes por extenso, o do marido ou companheiro de união estável precedendo o da mulher: *Sr. Bruno Roque Sales e Sra. Helena da Silva.* Nos convites empresariais, se a mulher está vinculada profissionalmente à entidade anfitriã e o marido for seu acompanhante, o nome dela precede o dele, também por extenso. Não se usa Fulana de Tal e Esposo, como se faz com Fulano de Tal e Senhora.

Convites pessoais para dirigentes e companheiros de empresa podem ser entregues, em mãos, nos respectivos setores da empresa, ou nas residências. O recebimento neste caso deve ser sempre confirmado.

For memory – Lembrete dado uma semana antes da festa por e-mail ou telefone.

Ver *alergia, cardápio, casamento, presentes, restaurante, save the date, siglas*

Copos

O cálice maior, incolor, é usado para servir água e vinhos tintos e rosés. O segundo na escala, às vezes colorido, é para os brancos e rosés. Experts em vinho preferem cálices incolores grandes (300ml), girados antes de beber o vinho. Vertem o líquido até a metade do copo para o vinho melhor expandir seu aroma e para poder aspirá-lo. A pureza de um vinho, com os eventuais resíduos que possa conter, é melhor avaliada num copo em vidro transparente incolor.

Uso dos copos – A taça de champanhe com borda larga foi substituída pelo *flûte*, cálice alongado e estreito, que melhor conserva as borbulhas do espumante. A taça é também para coquetel de champanhe, sobremesas cremosas, sorvetes e sopas geladas. Refrigerantes e sucos são servidos no copo para água, do mesmo tamanho do copo de vinho ou reto e baixo, sem haste. O cálice de licor é o menor de todos, acima dele está o de vinho do Porto. A vodca é degustada num copinho pequeno e estreito de base sólida, ou no copinho para cachaça. Para não elevar a temperatura do vinho o copo é segurado pela haste; ao contrário se faz com o copo de conhaque – nunca gelado –, envolvendo-o com a palma da mão para aquecê-lo.

Ver *bar, bebidas, cálice, cerveja, champanhe, mesa, ponche, uísque, vinho, vodca*

Coquetel

A origem da palavra é do inglês *cocktail* (rabo de galo), bebida preparada com uma mistura de outras bebidas, frutas ou temperos. É sinônimo de aperitivo, antes da refeição. Diz-se coquetel também para um tipo de recepção mais descontraída, com o tempo de duração informado no convite: das 18 às 21 horas, por exemplo.

Etiqueta – Circular pelo ambiente, conversar em diversos grupos e não ultrapassar o limite do tempo indicado no convite é a atitude correta dos convidados. Há poucas poltronas no ambiente, e a maioria dos convidados fica de pé. As conversas são mais rápidas, a ocasião é de abrir novos conhecimentos e se fazer lembrado. O convidado sempre cumprimenta os anfitriões e, se não os conhece pessoalmente, pede para ser apresentado ou se apresenta. Quinze minutos antes do horário estipulado, os anfitriões se encaminham à porta de saída. Em alguns coquetéis há um piscar de luzes anunciando esse final.

Ver *apresentações, bar, cumprimentos, salgadinhos*

Correspondência

Para uma comunicação perfeita, a carta e o cartão são escritos com o mesmo tratamento e grau de intimidade como ao falar com o destinatário. Ainda que a linguagem escrita seja bem mais cuidada do que a verbal, quem lê uma mensagem deve sentir a presença da pessoa que a assina.

No papel – Faz parte do material de correspondência social e profissional folhas de papel A4, papel de carta timbrado com o nome completo ou as iniciais ao alto da folha, à esquerda. Há papéis de carta e cartões coloridos, filetados e com detalhes de design, que correspondem à inicial do primeiro nome da pessoa que assina a correspondência. Quem possui letra difícil de ser lida digita a carta, deixando espaço para escrever de próprio punho a saudação ao destinatário e o final com sua assinatura. O nome do remetente é escrito no verso do envelope, podendo usar a inicial e o sobrenome completo, mais endereço. A correspondência profissional enviada ao local de trabalho, dependendo do assunto, leva um adesivo ou o carimbo “estritamente pessoal” para não ser aberta por terceiros.

Ver *convites, papel de carta, siglas*

Cortejo

Poucos dias antes do casamento realiza-se o ensaio do cortejo, com hora marcada pelo pároco, seguindo o roteiro de marcação por escrito. Há igrejas que têm seu cortejo determinado e ensaiador próprio, bem como floristas. Os cortejos nas igrejas são a referência para os casamentos em salões de festa.

Postura – O cortejo é um espetáculo solene em que os protagonistas, noivos, pais e padrinhos, desempenham seus papéis. Homem e mulher de braço, ela apoiará não só o pulso, mas também a mão no braço dele. Em vez de andar com o olhar fixo no altar, os membros do cortejo, num leve virar de cabeça, aparentam ver a todos os convidados, sem cumprimentá-los. Os padrinhos no altar ficam de frente para a entrada da noiva.

Entrada do noivo – Mais tradicional é o noivo dar o braço direito a sua mãe, mas também é aceito o contrário, ele oferecer o esquerdo, simbolizando que ela o está conduzindo ao altar. Ele desata a fita que veda a passagem entre os dois primeiros bancos, reservando a nave central para o cortejo. Fica ao pé do altar, um pouco à direita, aguardando com a mãe a entrada da noiva. Após uma pausa, entram o pai do noivo e a mãe da noiva, o primeiro casal de padrinhos do noivo, seguido pelo primeiro casal de padrinhos da noiva, alternando-se sucessivamente os padrinhos dela no lado esquerdo do altar e os dele no direito. Esta marcação dinamiza o cortejo. A porta da igreja é fechada quando o último par de padrinhos a ultrapassar em direção ao altar, e reaberta para a entrada da noiva. Enquanto o noivo aguarda a noiva ao pé do altar, os padrinhos já estão no lado do respectivo afilhado.

Opções da noiva – Ela é conduzida ao altar pelo pai ou quem o representa. Mas há outros modelos de cerimonial. A noiva pode entrar sozinha, se quiser homenagear a memória do pai falecido. Neste caso a mãe pode ser sua dama de honra precedendo-a no cortejo e saindo da cerimônia atrás dela, antes dos pais do noivo. Ou entrar com ela, de mãos dadas. Noivos independentes entram juntos pela nave central da igreja, de mãos dadas, precedidos pelos pais e padrinhos. A noiva, filha de pais divorciados, se quiser homenagear o padrasto é precedida pelos dois homens, que caminham distanciados lado a lado, para ela ser vista, entre eles, alguns passos atrás. Se o pai foi um tanto ausente na sua formação, ela o convida como padrinho e ele participa do cortejo com uma madrinha. Ele fica ao lado dela no altar. Nas novas famílias, tende a haver bom relacionamento entre ex-cônjuges, e a madrasta e o padrasto podem estar no altar.

Ao pé do altar – Ao ver a noiva aproximar-se conduzida pelo pai, o noivo vai ao seu encontro. Ela fica entre os dois, passando o buquê para a mão esquerda. Enquanto isto, a mãe do noivo dirige-se ao altar com um casal de padrinhos do filho. O noivo estende a mão ao futuro sogro, a noiva beija o pai.

No altar – Os noivos tomam seu lugar, com as aias posicionadas junto à noiva. O pai do noivo, que entrou com a mãe da noiva, desloca-se para junto de sua mulher, e a mãe da noiva ao lado de seu esposo.

Saída – Os noivos, antes de deixarem o altar, posam com os pais e padrinhos de frente para os convidados para uma foto solene, com imagens também em vídeo. Há famílias que preferem cerimonial menos pomposo e descem os degraus do altar, os noivos à frente, seguidos pelas aias e pajens, os pais e padrinhos. É a ocasião de música mais pomposa, como a *Aleluia*, de Haendel.

Sem cortejo – Em casamentos mais descontraídos, o noivo entra sozinho pela lateral à direita na igreja e aguarda a noiva ao pé do altar. O cerimonial avisa o momento para os padrinhos dirigem-se ao altar, no lado de seus respectivos afilhados. A noiva entra com seu pai ou quem o representar e, ao encontrar o noivo, este lhe oferece o braço esquerdo, após cumprimentar o sogro. Em cerimonial menos solene, os pais ficam sentados no primeiro banco da igreja, os do noivo do lado direito e os da noiva no esquerdo, em relação ao altar visto de frente.

Ver *casamento*

Cortesia

A origem da palavra vem de "corte", no palácio real onde surgiram as maneiras de se portar no trato com reis e membros da nobreza, em que imperava a hierarquia. É sinônimo de etiqueta, civilidade, urbanidade (a vida nas cidades) e respeito para com o próximo. Boas maneiras.

Costureiro

Ao marcar hora com a secretária de um costureiro, indaga-se se ele cobra para criar o desenho do modelo e pela primeira consulta, caso não seja feita a encomenda. Na entrevista com o profissional são esclarecidos os orçamentos e as adaptações necessárias. A cliente deve pedir os detalhes por escrito, incluindo forma de pagamento.

Couvert

É formado por petiscos – em geral, pãozinho, manteiga, patês, azeitonas e pepinos em conserva – servidos opcionalmente pelos restaurantes, com preço no menu. O couvert é colocado à esquerda do prato individual num pratinho ou, em mesas pequenas, no centro da mesa, para cada um se servir em seu pratinho. Não se corta o pãozinho, ele é partido com as mãos, uma porção a cada vez.

Pãozinho – Em mesas de cerimônia não há couvert, só o pãozinho, e este é apresentado dentro do guardanapo no pratinho para salada, que será servida à francesa. O pratinho de salada é apresentado sobre o prato maior. Desdobra-se o guardanapo e se coloca no colo. O pãozinho é colocado direto sobre a toalha, à esquerda acima do prato.

Ver *pão, patê*

Crianças

Faz parte do respeito à criança, de acordo com sua consciência de identidade e nível de coordenação motora, estimular o hábito das boas maneiras, também pelo bom exemplo dos adultos. Nem o rigor e autoritarismo da educação do século XVII, nem a falta de limites. A criança receptiva é espontânea no trato, mas respeitosa.

Chá de fralda – É a primeira festa em função do bebê, realizada algumas semanas antes do nascimento. Promovido pelas tias e amigas da mãe, o chá de fralda dispensa visitas à maternidade e, nas primeiras semanas do bebê, em casa, para pessoas menos íntimas. Por isso estes chás são feitos também no local do trabalho da futura mamãe. A mais recente ecografia do bebê, guardanapos descartáveis com estampa infantil, bonecos e bichinhos decoram o ambiente.

Aniversários – Ao comemorar a data de filhos pequenos, os pais levam em conta o bem-estar das crianças e o dos convidados adultos. Se o aniversariante estiver na faixa dos quatro anos vai se divertir se, em vez da festa, os pais propuserem um passeio para um grupo de colegas, um lanche no shopping e outros programas deste tipo. As mães combinam entre si a maneira de levar e buscar as crianças convidadas.

Sem babá – É mais fácil para os pais levar um bebê a um jantar em casa de amigos do que uma criança andante. Ao receber o convite que não inclui crianças, é indispensável consultar se pode levar o filho. E quem recebeu este pedido, o que faz? Usar de franqueza: pouco espaço, o que já foi justificado a outra convidada, coisas assim.

Educação – Desde cedo a criança deve se familiarizar com o uso das "palavrinhas mágicas": por favor, obrigado (a), desculpe, com licença. Se ela ouvir os adultos em sua volta assim se tratarem, ao natural, fará a mesma coisa.

Ver *apresentações, presentes*

Cumprimentos

O modo de saudar varia de acordo com as circunstâncias e o grau de intimidade. Tanto pode ser uma inclinação da cabeça quanto um aceno, um sorriso ou um aperto de mãos. A descontração do "Olá, tudo bem?" é outro modo de ser atencioso. Como sinal de civilidade, o gesto simboliza a satisfação de cumprimentar alguém.

Aperto de mão – Oferecer a mão frouxa ou apenas a ponta dos dedos parece displicência e pouco caso; ser tão forte a ponto de machucar a mão do outro é grosseria. É a pessoa mais importante quem toma a iniciativa do aperto de mão: a mais velha à mais jovem. Ao estender a mão, o braço fica dobrado em ângulo reto, sem sacudi-lo. Um homem, antes de estender a mão, fecha o paletó e não mantém a mão esquerda no bolso: deixa o braço estendido ao longo do corpo.

Sem aperto de mão – Por higiene, não se estende a mão a quem está comendo e bebendo, aos enfermos e às parturientes. Não se toma a iniciativa de apertar a mão a uma autoridade a quem somos apresentados ou que nos recebe numa reunião. Cabe a ela a iniciativa. Vendedores e recepcionistas profissionais não estendem a mão a clientes e convidados. No elevador, é só cumprimentar com "bom dia", "boa tarde", "boa noite", pois se trata de um encontro casual subordinado ao uso de espaço exíguo. Quem chega a uma reunião com os grupos já formados só estende a mão aos conhecidos que estiverem mais próximos, cumprimentando os demais com a cabeça.

Ver *apresentações, beijo, mão, Natal*

Curriculum

Em português, currículo. Relação de dados referentes à formação profissional, títulos e atividades anteriores. É apresentado diretamente ao setor de recursos humanos de uma empresa ou a uma empresa de "headhunter" (caçadora de talentos), que possui um banco de profissionais à disposição de clientes de variados setores. Também pode ser enviado por e-mail ou por meio do site da empresa.

LinkedIn – É uma rede social de negócios, por meio da qual os profissionais podem colocar seus currículos para serem recrutados por empresas do mundo inteiro. Os países que mais utilizam o LinkedIn são Estados Unidos, com 84 milhões de usuários; Índia, com 21 milhões de usuários; e Brasil, com 15 milhões de usuários. Por ser exclusivamente profissional, cuide a foto que você vai utilizar no seu perfil (foto segurando uma cerveja e com camiseta de time de futebol, por exemplo, não pega bem). Compartilhe somente conteúdo relevante e nunca esqueça: "Se você não teria uma determinada atitude no mundo físico, não a tenha no mundo virtual."

Ver *entrevista, internet*

D

Dança

A mudança no ritmo das músicas e a liberação feminina têm influência direta sobre o baile. Hoje se pode dançar sozinha ou num grupo de amigas, e é no meio do salão que muitos pares se formam. Bom para as mulheres, que não mais têm de aguardar que as tirem para dançar.

Ver *baile*

Data

Cartas e cartões são datados depois do nome da cidade, escritos por extenso nos convites impressos e mais formais. A inovação do século XXI é acrescentar à data, entre vírgulas, o dia da semana. Na data por extenso, o nome do mês é em letra minúscula. Em cartas mais íntimas e num cartão são adotados algarismos: 23/03/14.

Aniversário – Manifestar-se por telefone ou e-mail na data do aniversário de familiares, parentes, amigos e pessoas que de certa forma se fizeram merecedoras desse tipo de atenção é uma gentileza e uma maneira de se fazer lembrar. Mas sempre deve haver uma relação que justifique os cumprimentos, para não parecer artificial e por interesse.

Ver *agenda, casamento*

Debutante

O informalismo, que caracteriza as festas do século XXI, não invalida o rito tradicional do *début*, não só nos grandes clubes que apresentam as filhas dos associados como em festas particulares. Há debutantes que ainda gostam de fazer uma entrada triunfal pelo salão cheio de convidados, outras já recebem junto com os pais. Quando há jantar, ele é servido uma hora após o horário determinado no convite da festa.

Bolo vivo – O bolo vivo é um ritual antigo que voltou aos bailes particulares. Quinze pares formam um círculo, os rapazes com uma vela acesa na mão direita e as meninas com uma rosa. A debutante fica no centro da roda e caminha, apagando as velas e recolhendo as rosas, que serão entregues à mãe. É preciso uma pessoa nesse momento para ajudar com o enorme buquê formado e recolher as velas. O segundo momento é da valsa, que a debutante dança inicialmente com o pai e termina com outras figuras masculinas que deseja homenagear, abrindo o baile. O bolo fica para mais tarde.

Conforto – Há muitas debutantes que mudam o sapato de festa para uma sandália cômoda. A distribuição de sandálias para as convidadas é outra forma de descontrair mais ainda a festa, com o cuidado de dispor de um local organizado para esta troca. Na palmilha interna destas sandálias pode estar estampado o nome da dona da festa e a data. Faz as vezes de uma lembrancinha.

Ver *bolo, celebrante, convites, penetras*

Descansa talher

O apoio de talheres está de volta, a maioria de metal com design simples ou na forma de cães e gatos alongados para cumprir a função. O apoio é deixado na mesa à direita do prato, com faca e colher, e o garfo no lado esquerdo direto na toalha. Ao comer só com o garfo, a faca pode ficar apoiada no descansa talher, sem manchar a toalha.

Ver *mesa, talheres*

Despedida

A festa de despedida costuma ser uma reunião oferecida a amigos que vão transferir-se para outra cidade ou deixar uma empresa. É natural que esta pessoa ou o casal que se despede receba presentes, tanto de um grupo de amigos que adquire a lembrança em conjunto quanto dos demais que participam da despedida.

Lista de convidados – Os organizadores da festa de despedida submeterão a lista de convidados aos homenageados, para que eles digam quem gostariam de ver, mesmo que não sejam conhecidos dos anfitriões. Os convites são feitos por telefone ou por e-mail. Esta despedida pode ter lugar também num restaurante, por adesão, ou ser organizada por um grupo de pessoas que agem como anfitriões.

Saída – Ao se despedir dos anfitriões, além dos agradecimentos se diz uma palavra de agrado pelos momentos proporcionados, elogiando o ambiente e o jantar.

Ver *convidado, convites, e-mail*

Despesa

☙ Ver *restaurante*

Dinheiro

☙ Ver *empréstimo, envelope, presentes*

Discurso

Ao montar o recinto para um evento deve-se observar se o palestrante, sentado ou de pé, não cobre a imagem no painel. Fotos e vídeos são feitos naquele cenário.

Saudação – O primeiro orador se dirigirá aos componentes da mesa, seguindo a relação anotada de acordo com as precedências. O seguinte nomeará os dois ou três mais importantes e "demais autoridades já citadas e aqui presentes". Confiar na memória é sempre um risco. Não há problema ter uma anotação dos nomes das pessoas a serem citadas e os respectivos cargos, cuja relação é oferecida pelo cerimonial.

Postura de orador — A consciência de estar com o visual de acordo com a ocasião é um dos requisitos para um orador sentir-se mais tranquilo. Os homens, de pé antes de falar, abotoam o paletó. Gesticulam sem exageros, que dispersam a atenção do público para o que ele diz, e detêm o olhar em algumas pessoas no auditório, podendo até nomeá-las para melhor estabelecer cumplicidade com a plateia. Ao encerrar sua apresentação, o orador abotoa novamente seu paletó.

☙ Ver *mesa, palestra, traje*

Divórcio

Membros da família e amigos que conviveram com um casal devem ser comunicados de sua separação pelo ex-cônjuge que lhes for mais chegado.

Comunicação – Diante de um divórcio mais tumultuado, o ex-marido ou a ex-mulher, se não estiver em condições de falar a respeito, pede a um amigo em comum que informe aos outros, incluindo aos que não residem na mesma cidade. O telefone é o melhor meio de comunicação nesse caso. A mulher que não tiver filhos devolverá ao ex-marido apenas as joias da família dele.

Doente

Ver *enfermeiros, hospital, médico, nome, visita*

Dress code

Ver *traje*

Drinque

Nem sempre um drinque é composto de uma mistura de bebidas, como é o coquetel. Pode ser uma dose de uísque, vodca, caipirinha, espumante ou suco de frutas, fora das refeições ou como aperitivo.

Ver *coquetel*

E

Elegância

Ser elegante é harmonizar o visual em conjunto; beleza é um dote natural para o qual a pessoa contribui quando sabe realçá-la. A palavra elegância se origina do verbo *eligere*, do latim "selecionar". É vestir-se de acordo com o tipo físico e a ocasião, mas ninguém é elegante se tiver má postura corporal e não apresentar boas maneiras. Os valores estéticos e as atitudes estão interligados.

Ver *traje*

Elevador

O gesto natural de uma pessoa bem-educada ao sair do elevador é segurar a porta para a que vai entrar. Nos elevadores de porta embutida deve-se colocar a mão, impedindo que ele feche repentinamente sobre quem sai ou quem vai entrar.

Atitudes – O reduzido espaço de um elevador induz a não falar alto e nem entrar com um copo de café, com o perigo de derramar a bebida. Não se come sanduíche com cheiro de fiambre. Elevador não é lugar de fazer comentários desabonadores sobre pessoas. É lugar público, e uma crítica pode chegar aos ouvidos de quem foi objeto.

Ver *apresentações, cumprimentos*

E-MAIL

Na correspondência virtual estão sendo ampliados os contatos diretos entre as pessoas, mas é importante que se saiba a frequência com que os destinatários abrem seus e-mails diariamente. Uma opção recomendada é o uso do recurso que informa ao remetente que sua mensagem foi lida. Na correspondência empresarial, uma das vantagens é permitir ao executivo o envio de correspondência eletrônica sem a dependência e/ou participação de secretárias ou outros intermediários. A comunicação de cunho social e gestos de cortesia – convites, agradecimentos e pêsames – são feitos por e-mail em situações de menor formalidade. No âmbito profissional, o e-mail pode servir para marcar encontros importantes, como uma entrevista.

Forma – O texto do e-mail deve ser breve, mas, para facilitar a leitura de diferentes assuntos, convém deixar um espaço livre entre os parágrafos. É preciso lembrar que a letra maiúscula deve ser usada apenas no início dos nomes próprios ou na abertura de uma frase; se for utilizada em todos os caracteres da mensagem será entendida como se tivesse sido gritada. Não se passa um e-mail sem revisá-lo, não só para avaliar erros de digitação como também o seu conteúdo. Cabe salientar que jamais se escreve um e-mail de cabeça quente: depois de enviá-lo é tarde para se arrepender.

Etiqueta – Existe etiqueta na internet, ela se chama netiquete. É a estrutura correta de uma carta que determina normas de um e-mail bem apresentado. O e-mail, como a carta, conclui com uma expressão cordial antes da assinatura, de acordo com a relação: beijo (bj), abraço (abs), muito grato. Cordialmente, atenciosamente (att) cabem numa rápida mensagem comercial. Em e-mails formais não são usadas abreviações de palavras. Todo e-mail deve ser respondido, exceto *releases* sem interesse pessoal direto.

Ver *celular, convite, netiquete, plateia, redes sociais, WhatsApp*

Emprego

Faz parte do preparo profissional a forma cordial como funcionários e executivos convivem com os superiores e companheiros, em todos os níveis.

Ver *aparência, curriculum, entrevista, gestos*

Empréstimo

Pode-se perder um amigo ao emprestar um valor em dinheiro, que ele se comprometera em devolver num determinado prazo. Se não consegue fazê-lo fica constrangido e acaba se retraindo, quando o correto seria falar no assunto e na intenção de pagar. Por isto, tratando-se de pequenas quantias, o melhor é dar o valor, salientando que, por princípio, não costuma emprestar. Assim evitará um próximo pedido.

De uso pessoal – É arriscado pedir uma joia emprestada, não se está livre de perdê-la. Uma roupa é devolvida em perfeito estado, com o cuidado de perguntar se a peça já foi lavada, pesquisando as instruções na etiqueta de como manter o tecido. Só às pessoas bem íntimas se pede o batom para retoque. Desodorante de rolo é um produto de uso pessoal restrito, não se pede emprestado. O mesmo vale para o alicate de unhas. O perigo de estar contaminado atinge tanto quem pede emprestado quanto quem empresta.

Ver *roupa*

Encomenda

Quando se viaja, é preciso conhecer bem a pessoa escolhida para ser portador de um pacote a terceiros. No envelope fixado no pacote da encomenda deve constar, além do nome do destinatário, o número do seu telefone para o portador avisá-lo onde buscar.

Riscos – É perigoso aceitar pacote, mesmo de amigos. Pode conter alguma substância proibida legalmente por leis internacionais. Grandes quantias de dinheiro, bem como inocentes plantas e mudas também causam transtornos na revista dos passageiros na alfândega. Com a mesma franqueza de quem pediu o obséquio, um portador recusa levar uma encomenda suspeita, bem como pacotes grandes ou pesados.

Ver *viagem*

Encontro marcado

Marcar um encontro é assumir um compromisso também com a pontualidade. Na era do celular não se entende que uma pessoa deixe de avisar, mesmo em cima da hora, que vai chegar atrasada. O esquecimento de um encontro exige desculpa posterior.

Ver *celular, trânsito, visita*

Endereço

Ao mudar o endereço residencial e o profissional usa-se mandar uma mensagem por e-mail ou cartão impresso e postado. Quando se trata de residência, responde-se no próprio e-mail, enviam-se flores ou se telefona cumprimentando. O endereço é importante para quem reside ou trabalha não só pela praticidade da zona urbana em que se situa como pelo status que pode conferir.

Ver *casa, correspondência, hotel*

Enfermeiro

Um profissional de boa formação sabe que ao entrar no quarto de um paciente cumprimenta-o, estendendo a saudação ao acompanhante e visitas. Ao necessitar fazer um procedimento, a enfermeira pedirá licença à visita: "...em cinco minutos poderá retornar ao quarto".

Nome do paciente – Um enfermo sente-se dependente e atingido em sua integridade, por isso deve ser sempre tratado pelo nome como é mais conhecido: senhor João, senhor Mendonça. Se possuir título, como doutor (a) e coronel, será tratado como dr. Mendonça, coronel Marcos. O que não pode é tratar um paciente por "mãezinha", "vovó", "vovô" ou "tio".

Atendimento residencial – Cuidadores e enfermeiros seguirão os hábitos da casa, sem interferir na sua rotina e fazer conversas com os empregados. De acordo com o estabelecido, levarão ou não sua própria alimentação.

Ver *hospital, nome, tratamento*

Entrevista

É um encontro com hora marcada para recolher informações sobre as atividades de alguém. Chama-se entrevista coletiva quando são diversos entrevistadores. O entrevistado em rádio e televisão prepara-se, indagando tempo de duração do programa e alguns detalhes, como: “Devo olhar para a câmera enquanto falo?”. O entrevistador segue um roteiro, por isso o entrevistado faz pequena pausa ao concluir seu pensamento e ensejar nova pergunta. Não cabem longos monólogos.

Emprego – Após o envio do currículo do candidato via internet a um setor de recursos humanos ou uma empresa de *headhunter*, os possíveis empregadores marcam uma entrevista. Nas empresas pequenas ela pode ser feita pelo próprio empregador. O candidato que chega com uma cartilha decorada, assumindo exagerada segurança, não causa boa impressão. A franqueza repercute bem, quando o candidato dirá se não souber responder a uma pergunta. Para os mais experientes, preenchidos os requisitos para a função desejada, é fundamental que tenham se informado sobre a cultura da empresa. Durante a conversa, pode ser mencionado o nome de um diretor, prêmios conquistados e repercussão da empresa na comunidade. Expor suas qualidades, ao natural, revela bom marketing pessoal.

Ver *curriculum*

Envelope

Nos envelopes de convites mais protocolares com o nome dos destinatários caligrafados não se coloca endereço, quando é enviado dentro de um invólucro de celofane transparente ou em papel mais fino que o do convite. Este envelope de proteção recebe uma etiqueta adesiva com o nome dos destinatários e endereço digitados.

Dinheiro – Entregar o valor em espécie dentro de um envelope, além de preservá-lo de olhares alheios, é um gesto de cortesia. Com cheque se procede do mesmo modo. O envelope entregue pessoalmente ao portador deve estar aberto, cabendo a ele conferir os valores e fechá-lo diante de quem o envia.

Ver *caligrafia, cartão, convite, encomenda, siglas, tratamento*

Enxoval básico

O homem do século XXI participa cada vez mais das lides domésticas e pode opinar, especialmente nas toalhas de banho, pois muitos estão habituados com o tamanho king size, o maior. Os enxovais foram bastante reduzidos, em função também do menor espaço dos apartamentos.

Roupa do lar – Quatro jogos de lençóis para casal, dois jogos de cama de solteiro (se houver previsão de hóspedes), um cobertor de lã e um edredom de cor lisa para casal, uma manta ou cobertor mais leve, quatro travesseiros, uma colcha de verão são o básico. Para o banheiro: quatro jogos de toalhas de banho e rosto com tapetinho, duas toalhas brancas lisas de banho e de rosto, dois roupões unissex brancos. Para a mesa: dois conjuntos de seis guardanapos de jogo americano, um jogo americano com oito guardanapos para visitas, duas toalhas de mesa com seis guardanapos lisos (36 cm x 36 cm), três guardanapos de bandeja, dois guardanapos para a cestinha do pão, oito guardanapos lisos (53 cm x 53 cm). Doze panos de prato, quatro pegadores de panela, quatro toalhas de mão, seis panos de limpeza de piso e quatro de pia e wc.

Ver *casamento, monograma, noivado, presente*

Escadas

Ao subir uma escadaria, um casal andará lado a lado ou ele irá um pouco à frente, numa atitude simbólica de quem conduz e abre o caminho. Independente do seu relacionamento, um homem que acompanha uma mulher, ao subir alguns degraus, lhe dará apoio pegando-a pelo braço. Fará o mesmo com pessoas portadoras de alguma dificuldade locomotora. É sinal de cavalheirismo e boa educação.

Escargot

É um molusco que se desenvolve na terra, típico da culinária provençal, considerado requinte da boa mesa. Pode ser apresentado no próprio caracol, distribuído em travessas refratárias com espaço para seis ou oito unidades. Há talheres especiais para comer escargot: garfinho de dois ou três dentes e uma pinça.

Etiqueta – Firma-se o caracol com a pinça na mão esquerda, retirando a polpa com o garfinho na direita. No final, prende-se no garfo um pedaço de pão, que é passado no fundo do prato para honrar o molho que restou. Sem estes talheres especiais à disposição, pega-se a concha com a mão esquerda e com a direta usa-se um garfo pequeno para retirar a parte comestível.

Escola

A escola é, como a família, uma sociedade com normas de convivência numa amostragem do que a criança vai enfrentar em sua vida de adulto. A tendência dos pais é esperar que a escola resolva os problemas de educação que eles não conseguem solucionar. Mas a educação básica vem de casa, com o exemplo dos pais e os limites por eles impostos no convívio civilizado. Desde o jardim da infância as professoras exercem o papel de instruí-los, num clima de respeito mútuo. Boas maneiras fazem parte do dia a dia escolar. Professora não é "tia", como ainda é chamada em algumas escolas, ela é "profe", tratamento mais próximo e verdadeiro.

Ver *agenda*

Esporte

Suas regras têm a ver com disciplina e boas maneiras no trato com os companheiros de time e os adversários. Em nenhum esporte um competidor vangloria-se dos próprios feitos, ironizando os parceiros, o que vale também para jogo de cartas. Do futebol ao vôlei e ao tênis em duplas, a falta de atenção de um parceiro irrita o outro. Diante de uma censura feita com educação, o desatento aceita a crítica, pede desculpas e tenta se corrigir.

Torcida – O silêncio da torcida é fundamental para uma partida de tênis – todo tipo de agitação interfere na ação do jogador num momento decisivo, ficando as expansões da plateia para um ponto conquistado. O golfe, um jogo sem torcida próxima, exige uma grande concentração do golfista. É inadmissível que, num momento de irritação devido a uma má jogada, ele bata o taco na grama, danificando-a. Isso lhe vale uma suspensão do clube.

Parceria – O bom jogador de tênis não gosta de fazer parceria com jogadores menos hábeis. É deselegante de parte de um jogador medíocre pedir parceria para quem joga muito bem. No golfe é diferente. Revela boa educação o golfista que, jogando com um grupo mais vagaroso, percebendo que atrás há outros à espera, lhes dá passagem. Mas um jogador menos apto pode jogar com outro bem melhor, sem constrangimento, iniciando com uma vantagem de pontos para equiparar-se aos demais.

Ver *penetras, traje*

Esporte completo

Ver *traje*

Esporte fino

Ver *traje*

Espumante

Ver *champanhe*

Estilo

É um diferencial que revela a maneira de ser de um indivíduo, de se expressar ao falar, escrever, vestir-se e negociar. O estilo projeta-se no modo de agir. Estilo também são as características de uma época definidas em objetos de arte, mobiliário e traje. Exemplo? Estilo art nouveau, barroco, grego, vanguarda.

Ética

A palavra, derivada do grego *ethos*, comportamento, refere-se à conduta sob o ponto de vista do bem e do mal, dos valores morais levados em conta pelo indivíduo em relação a si mesmo e ao próximo. A ética faz parte da filosofia. Cometer uma fraude, enganar alguém é falta de ética. Exemplo? Entregar ao cliente um produto de qualidade inferior àquele apresentado no mostruário.

Ver *etiqueta*

Etiqueta

É a forma de os indivíduos se conduzirem de acordo com normas preestabelecidas numa sociedade visando bom convívio e fácil comunicação. A palavra etiqueta tem sua origem no código de boas maneiras da corte francesa, no século XIII, atingindo o apogeu na corte de Luís XIV em Versailles, período em que eram distribuídas etiquetas aos nobres, quando chegavam ao palácio, com instruções de como se portar e o lugar que lhes era destinado de acordo com o protocolo.

Uso da palavra – O termo etiqueta é empregado em dois sentidos: como código de boas maneiras, substantivo abstrato; como cartão ou adesivo de identificação, substantivo comum. No primeiro sentido não admite plural: não se diz que uma pessoa que preza as boas maneiras é cheia de "etiquetas".

Etiqueta empresarial – Regras aplicadas ao convívio profissional a partir das relações interpessoais, de acordo com a hierarquia e o tipo de prestação de serviço. Porém, a base de tudo são as boas maneiras na família e na sociedade.

Ver *cortesia, ética, protocolo, traje*

F

Faca

O ser humano, que acompanhou o processo civilizatório, não leva a faca à boca para comer, pelo motivo principal de não ferir os lábios. É o garfo que leva os alimentos à boca. As primeiras facas que surgiram foram usadas mais como ferramenta e arma do que para partir alimentos. O homem primitivo comia com as mãos e só quando passou a cozinhar a carne de caça sentiu necessidade de cortá-la para não se queimar. Levava à boca o pedaço fixo na ponta da faca, bem como outros alimentos dispostos na própria lâmina. Na Idade dos Metais, final da Pré-História, o ser humano inventou técnicas de fundir e moldar os metais, fazendo seus utensílios domésticos.

Ver *colher, garfo, peixe, queijo, talheres*

Facebook

Esta rede social é um exercício de boas maneiras, que começa pela forma como se responde a um convite para dela participar. Merece resposta, mesmo sem aceitá-lo.

Neste caso é só agradecer, alegando não manter este tipo de contato por falta de tempo. Mas muita coisa desagradável pode acontecer via Facebook, como agressões, bate-bocas e bullying. Uma boa alternativa para estes casos é bloquear o participante com comportamento inadequado. Também é recomendado que se evite o exagero de postagens de fatos triviais do dia a dia.

Fotos – Facebook não é diário pessoal, por isto não se fica postando tudo o que se faz durante o dia com as fotos correspondentes. Tudo que é publicado contribui na boa ou má impressão. Não se postam fotos íntimas, nem com lingerie. Convém lembrar que há empresas que acessam o Facebook de candidatos para estágios e vagas para emprego como acréscimo de informações a respeito deles.

Conversa – Quando se estabelece uma conversa no Facebook, como se fosse um chat, respeita-se sempre a nossa vez de entrar; ao sair a gente comunica também.

Ver *redes sociais*

Falecimento

A forma de comunicar aos parentes e amigos mais chegados o falecimento de um familiar vai depender muito das circunstâncias em que a morte ocorreu. Telefona-se aos parentes e amigos mais chegados, com o cuidado, no caso de morte repentina, de dizer primeiro que a pessoa está muito mal, para amenizar o choque. Este tipo de aviso não é feito de madrugada, exceto se a pessoa contatada puder ajudar.

Participação – Usa-se participar pelo jornal o falecimento de um ente querido, mesmo depois de ocorrido o enterro ou a cremação. A participação pode incluir convite de missa de sétimo dia.

Ver *luto, pêsames, velório*

Família

Os laços familiares se estreitam num convívio em que o sentimento de união e solidariedade é desenvolvido desde cedo nas crianças. O bom tratamento dos adultos entre si, e o uso que eles fazem das expressões de cortesia – por favor, obrigado, desculpe, com licença – é o modelo que confirma as recomendações de boas maneiras dadas aos filhos. O respeito entre pais e filhos é recíproco. A mãe corrigir a criança com palavras ríspidas diante de estranhos, além de ser humilhante para o menor, é constrangedor para quem assiste a cena. É a mesa de refeições o local onde melhor se mede o nível de educação de uma criança, de acordo com o desenvolvimento de sua coordenação motora.

Nova família – Com o divórcio surgiu uma estrutura familiar mais ampla, em que há, além do casal, os "seus filhos, os meus filhos e os nossos filhos". Os pais devem estimular a boa convivência entre seus filhos e enteados. Aliás, esta é uma tendência da nova família.

Ver *cães, crianças, divórcio*

Festas

O clima festivo pode envolver pequenos grupos e grandes festas, comemorando uma data ou um fato especial. Quando envolve o mundo político e empresarial, segue um protocolo mais rígido. Ao chegar à festa, o convidado dá seu nome por extenso, a recepcionista consulta a lista e indica sua respectiva mesa. É o cerimonial que determina quem fica ao lado de quem, delicada tarefa que deve ser compartilhada pelos donos da festa e o cerimonialista.

Luz e som – Luz é comunicação, mas sendo muito forte reduz o aconchego. Lâmpadas direcionadas a quadros, arranjos florais e objetos contribuem para o bem-estar ambiental. A chama das velas à noite é um charme no ambiente. O som estará de acordo com a faixa etária do grupo, e a música instrumental de fundo é uma forma de dar as boas-vindas aos convidados. Som e luz são usados para marcar momentos especiais do cerimonial. Pisca-pisca, redução de luz e acordes dão o sinal para a saudação ao aniversariante, o corte de um bolo festivo e o início das danças. O pisca-pisca também pode ser sinal de fim de festa.

Ver *casamento, cerimonial, convidado, convites, mesa, penetras, protocolo, traje, vela*

Fila

Um teste para avaliar a educação das pessoas é observar como se portam nessas ocasiões. Idosos têm prioridade, e grávidas podem ser incluídas numa mesma fila de espera. Convém prestar atenção quando alguém se posta ao lado de um conhecido que está próximo ao caixa, tentando furar a fila. Numa sessão de autógrafos, é correto pedir licença às pessoas próximas à mesa do escritor para apenas cumprimentá-lo.

Faixas – Elas são pintadas no piso, diante dos guichês de embarque de aeroportos e rodoviárias, limitando o espaço de quem está sendo atendido. Sem faixa no piso, diante de um caixa de loja, não se fica bem junto da pessoa que está fazendo o pagamento, guarda-se a devida distância de uma faixa inexistente.

Ver *autógrafos*

Fita inaugural

Nas solenidades em que há corte de fita por parte de autoridades, um assistente alcança a tesoura para o padrinho e logo a recolhe. Mais simples é o laço da fita ter o nó frouxo para ser desatado facilmente pelas extremidades, sem a tesoura.

Ver *cerimonial, protocolo*

Flores

Há um simbolismo em certas espécies de flores e até nas suas cores. Já foi tão rígido que pautou regras de etiqueta integradas à nossa cultura. Os lírios continuam sendo símbolo de pureza, enquanto o antúrio sugere sensualidade. Já a orquídea, flor de estufa, é associada ao luxo; e rosas vermelhas, à paixão.

Buquê – Quando um buquê é oferecido em homenagem a alguém – mulher ou homem –, não deve ser volumoso, mas alongado. Encarrega-se uma pessoa para retirá-lo das mãos do homenageado e, ao final do evento, ele é levado ao seu carro. O convidado de um jantar que leva flores para a anfitriã opta por um arranjo pronto para ser disposto no ambiente. Se for um buquê, já exige tempo para colocar as flores no vaso com água. Sua embalagem não é mantida no vaso, no máximo permanece a fita.

Tradição quebrada – Houve época em que as mulheres educadas não mandavam flores para homem. Ao agradecer a um casal por uma gentileza recebida, o cartão era dirigido só à senhora. Uma mulher no século XXI manda flores para um namorado recente, em data de um aniversário ou formatura dele. Mas o gesto não deixa de ser uma gentileza mais frequente de parte dele em relação a ela. Namorados do mesmo sexo também se trocam flores em ocasiões especiais.

Florista – Este tipo de loja expressa atenções e gestos de sociabilidade. Faltar o compromisso de entregá-las ou atrasar a data e o horário solicitados coloca em risco relacionamentos do cliente que fez a encomenda. Flores são portadoras de um pedido de desculpas, um agradecimento ou uma declaração de amor. Devem estar viçosas e bem arranjadas. A ética faz parte da profissão de um florista: ele não comenta o fato de um cliente comprometido enviar flores a outra mulher.

Ver *cartão, casamento, presentes*

Fondue

Durante a Idade Média foi inventada na Suíça a fondue, com sobras de queijos que são cozidos em vinho branco numa panela, formando um creme fervente no qual se mergulha cubos de pão. A panela fica no centro da mesa sobre um fogareirinho – o réchaud –, com o máximo de seis pessoas em volta. Em cada lugar se coloca um pratinho ou uma tigela e um garfo de dois dentes e cabo fino e longo para mergulhar os cubos de pão na fondue. Além desse garfo especial, há o garfo e a faca pequenos para comer o pão recém-saído da panela, enquanto o garfo longo é de novo mergulhado na fondue.

Bourguignonne – Com o garfo longo se fritam cubos de filé mignon no óleo fervente da panela da fondue. Molhos, temperos e geleias agridoces em potinhos acompanham a fondue Bourguignonne, e se oferece vinho tinto. A sobremesa para as duas fondues deve ser leve: doces de frutas em calda, pudins e sorvetes sem nata.

Chocolate – Este tipo de fondue é sobremesa de um cardápio leve, mas pode ser saboreada fora das refeições com um vinho Madeira. A fondue de chocolate é preparada em panela de cerâmica, com chocolate em barra para cobertura derretido em banho-maria com um pouco de leite e uma colher (sopa) de licor ou vinho do Porto. Frutas ao natural: morango, cereja e ameixas inteiras; melão, pera e manga cortados em cubos são mergulhadas na fondue fumegante com o garfo afilado. Há embalagens com os ingredientes em pasta de fondues de queijo e de chocolate para preparar. Um chá-da-índia escuro, sem açúcar, se harmoniza com chocolate.

Fondue de queijo – Passa-se um dente de alho na panela, agregam-se 250g de queijo Gruyère e 250g de Emmental ralados, 1 colher (sopa) de kirsch ou vodca, 500ml de vinho branco seco e 1 pitada de noz-moscada. Cozinha-se este creme no fogão, em fogo brando, sempre mexendo. O pão dormido é cortado em cubos levemente passados no forno, reunidos numa tigela sobre guardanapo.

Ver *vinho*

Formatura

Os convites de uma festa única são feitos de duas maneiras: os pais convidam familiares e amigos íntimos por telefone para um jantar, enquanto o formando convida sua turma de amigos para duas horas mais tarde, num segundo tempo em que haverá dança, sanduíches consistentes, docinhos e bebidas. Nem sempre a festa é realizada após a formatura, mas em outra data próxima. Uma festa particular de formatura também é promovida por dois ou mais colegas de turma, unindo convidados em comum e exclusivos.

Ver *brindes, convites, presentes*

Fotografia e vídeo

Fotógrafos e videomakers seguem um roteiro entregue pelos anfitriões de uma festa para identificar convidados em vários flagrantes projetados no telão. É recomendado aos profissionais de imagens que trabalhem de traje escuro, tanto homens quanto mulheres. Fotógrafos e videomakers correndo e se aglomerando na frente da noiva tiram o impacto de sua entrada na igreja. Fotos e vídeos são postados no site dos noivos. Dias após o casamento as fotos em papel são enviadas para os respectivos convidados. O vídeo é atração nas primeiras vezes em que o novo casal recebe amigos em casa.

Frutas

São servidas ao natural, após a comida e antes da sobremesa, em pratinhos com garfo e faca; salada de frutas, em taças sobre pratinho com garfo e colher.

Abacate – A palavra deriva-se de *ahuacatl*, no idioma asteca. Não deve ser preparado com antecedência, pois a polpa escurece. Apresentado ao natural com casca é cortado ao meio, no sentido longitudinal, a grande semente retirada previamente. Come-se só a polpa destacada da casca com a colher. Como sobremesa o abacate é servido em taça, a polpa amassada com açúcar e sumo de limão, evitando que escureça. Guacamole é uma pasta de origem mexicana servida com torradinhas, como aperitivo, preparada com a polpa amassada e temperada com cebola crua e coentro picados, uma colher de iogurte natural e três colheres de sumo de limão.

Abacaxi – Fruta tropical cujo nome científico é *ananás sativus.* Também chamado ananás, em espanhol, italiano, francês, inglês e alemão. O abacaxi é servido em fatias, com garfinho e faca, eliminando o miolo rijo. Cortado em cubinhos é ingrediente de saladas salgadas como a Waldorf. Próprio para sucos e drinques, incluindo a Piña Colada, o abacaxi cozido entra na gastronomia em fatias carameladas, acompanhando peixes e carne de porco.

Banana – Diversas variedades de banana chegaram ao Brasil em 1516, trazidas das Ilhas Canárias. Só a banana-da-terra é nativa. Fruta rica em vitaminas e potássio, não deve ser guardada em refrigerador. A forma primitiva de comê-la é tirando a casca com a mão, como fazem os macacos. À mesa, come-se banana com elegância usando garfo e faca. Apoia-se a fruta no prato, fixando no meio o garfo com a mão esquerda e fazendo com a faca um corte na casca no sentido longitudinal. Aberta e descascada com a faca, a banana é partida em rodelas, na medida em que se for comendo.

Figo – Originária da Ásia Menor, esta fruta é citada na mitologia romana e grega, pois era muito conhecida na Antiguidade. Aparece nos desenhos feitos na pirâmide egípcia de Gisê há 55 séculos. As primeiras sementes de figueira foram trazidas para o Brasil no século XVI. O figo fresco é comido espetando-lhe um garfo com a mão esquerda e partindo-o em quatro pedaços com a faca na mão direita. Pode ser acompanhado de creme chantilly e, neste caso, come-se com garfo e colher de sobremesa para parti-lo e tomar o caldo. É excelente acompanhante para presunto cru, e em calda e pode servir para a guarnição de carnes, como no Frango à Califórnia.

Laranja – Usa-se garfo e faca. Corta-se a calota inferior da laranja de umbigo e nesta parte ela é firmada, com o garfo, no prato. A parte superior é cortada como uma auréola, separada da polpa, descascando-a de cima para baixo e comendo a polpa fatia a fatia. Da laranja do céu é tirada a casca em tiras, e os gomos são comidos com garfo.

Maçã – Sua origem é europeia e asiática, contendo vitamina C. Descasque e parta a fruta no prato, cortando e comendo a cada vez. Informalmente é comida com as mãos, sem descascar. As cascas são aproveitadas para geleias.

Manga – Originária da Índia, é uma fruta tropical. Seu cultivo foi iniciado no Brasil no final do século XVIII. É cortada em volta do caroço, em quatro porções. Firma-se a fruta no prato com o garfo e se destaca a polpa com a faca, comendo os pedaços com garfinho. A fruta é ótima como geleia agridoce, ideal para acompanhar carnes.

Melão – Foi trazido de Portugal para o Brasil no século XVI. É servido como entrada em fatias cobertas com presunto. É cortado ao meio com a casca e dividido em fatias na forma de gôndolas. Firma-se a fatia com o garfo e come-se só a polpa, cortando-a com a faca. O melão com presunto cru em fatias servido como entrada já era conhecido na Grécia há mais de 2 mil anos.

Morango – É considerado um receptáculo para os verdadeiros frutos, que são as sementinhas escuras que o recobrem. A fruta mais graúda exige garfinho para não escorregar do prato e colher para partir.

Serve-se morangos cortados em lâminas, tanto para saladas quanto na decoração de tortas. Sobre gelo, em grandes recipientes de vidro, os morangos são fisgados com bastões de bambu ou garfinhos para coquetel, muitas vezes servidos com molho de chocolate quente.

Pera – Nome científico *pirus comminus*. Leve e rica em potássio e vitaminas, a fruta da pereira é indicada em dietas alimentares. Em calda, é uma sobremesa que se harmoniza com sorvete de baunilha e molho de chocolate e é servida com garfo e colher. Com pera é preparado o *poire*, o mais famoso licor suíço. Ao natural, firma-se a pera descascada com o garfo, partindo-a nas laterais, e leva-se os pedaços à boca com o garfo, até restar o cabo revestido de um pouco da polpa.

Uvas – Sua cor varia do verde-claro até o preto, e a fruta é adequada para vinhos, doces e sucos. Ao natural são comidas com a ponta dos dedos. Retira-se as uvas do cacho e come-se uma a uma, podendo engoli-las com a semente. Com a mão esquerda em concha sobre a boca, retira-se com a direita a casca, que é colocada no prato. Quem não consegue engolir a semente tira-a da boca com a casca. Ameixas, amoras, cerejas e jabuticabas se comem do mesmo jeito.

Ver *guardanapo, lavanda*

Frutos do mar

A maioria deles se come com as mãos, exigindo lavanda. O garfinho pode ser o pequeno de dois dentes, muito usado também para fisgar cubos de queijo como aperitivo.

Ostras – São servidas cruas na concha, que é segurada com a mão esquerda, e levadas à boca com o auxílio de um garfinho na mão direita. Ao final bebe-se o molho restante, na própria concha. A bebida que melhor se harmoniza com ostra é o espumante.

Lagosta – A lagosta cozida é firmada na região do casco, com a mão esquerda; com a direita se retiram os tentáculos. Destaca-se a cauda do corpo, puxando com os dedos. Para as patinhas usa-se do mesmo procedimento ou se partem as articulações com alicate próprio. Silenciosamente, suga-se a carne. Por último, com um garfinho, come-se o conteúdo do corpo do crustáceo, desprezando a parte esverdeada. É raro encontrar, mas existe uma espécie de alicate parecido com um quebra-nozes para destacar as articulações. Há restaurantes especializados em frutos do mar que fornecem um babador descartável para proteger a roupa.

Caranguejo – O modo de comê-lo é parecido ao da lagosta. Com os dedos são removidas as patinhas. E suga-se, silenciosamente, a carne. O garfinho ajuda a retirar a carne de baixo da casca, colocando um pouco de molho e levando o pedaço à boca com o mesmo talher ou com a mão. Também com as mãos retira-se o restante da carne contida sob a casca e se coloca no prato, partindo-a em porções pequenas, levadas à boca com os dedos ou com o garfinho, por isso exigindo lavanda.

Mexilhão – As conchas geminadas são limpas, sob água corrente, com escovinha e colocadas numa panela, com cebola e um dente de alho picadinhos refogados em uma colher de manteiga e duas de azeite de oliva. Verte-se um cálice e meio de vinho branco seco neste refogado e agregam-se os mexilhões para ferver durante quinze minutos. À hora de servir, adiciona-se salsa picada. Mexilhões são servidos em prato fundo de sopa com um pouco do caldo. A concha é aberta e com a sua metade retira-se a carne da outra, temperando-a com suco de limão na hora. Se ela estiver entreaberta, é sinal de que o mexilhão não está fresco. É rejeitado. Ao final, fixe o garfo numa porção de pão e embeba-a no molho.

Ver *lavanda*

G

Gala

Ver *traje*

Garçom

Postura correta e higiene pessoal são condições essenciais para um funcionário que serve a mesa, em restaurantes e a domicílio. O serviço se estende ao bar e ao bufê. O diferencial de um bom garçom é manter permanente atenção aos clientes, observando o olhar e um gesto para fazer um pedido ou pagar a conta.

Número – Em jantares mais protocolares, o cálculo é de um garçom para cada dez convidados. Em coquetéis e festas com muitas pessoas de pé a proporção é de 1 para 15 pessoas. Depende muito do orçamento e estilo do evento.

Ver *serviço*

Garfo

Utensílio de cozinha, de mesa e aperitivo, variando o número de dentes da extremidade e o tamanho do cabo, o mais recente dos talheres surgido na civilização ocidental. Foi trazido para Veneza no século XI por uma princesa turca e levado à corte francesa em 1582 por Catarina de Medicis.

Manuseio – A etiqueta tradicional exige que se coma com garfo e faca, um ajudando ao outro: o garfo na mão esquerda e a faca na direita. Jamais se pega o garfo na vertical sobre o prato, segurando o cabo com a mão fechada. Em refeições servidas fora da mesa, usa-se só o garfo, não havendo necessidade de corte, como no caso de risoto.

A forma correta de cortar a carne é pegar o garfo com a mão esquerda e a faca com a direita.

Os americanos criaram uma forma aceita por uma etiqueta menos rígida: cortar um pedaço da carne, deixar a faca, com o fio para dentro, na borda do prato, acima e à direita, e passar o garfo para a mão direita.

Ver *faca, talheres*

Gastronomia

Conhecimento teórico e prático do que diz respeito à arte culinária, às refeições refinadas e ao prazer da boa mesa. O francês Brillat-Savarin (1755-1826) em seu livro *Fisiologia do gosto* apresenta máximas que persistem até o século XXI. Uma delas é: "Dize-me o que comes e te direi quem és". Há uma distinção entre alimentar-se e comer conscientemente, desfrutando dos sabores. Comidas exigem também boa aparência dos pratos, harmonizados entre si e com os vinhos.

Ver *cardápio, vinho*

Gay

Denominação mais popular de um homem ou uma mulher homossexual. Em vez de homossexual usa-se também a expressão homoafetivo ao definir um casal do mesmo sexo. Campanhas contra o preconceito têm tido êxito. Desde 2012 a lei brasileira se estende aos casamentos gays, como já ocorre em grande número de países. Há quem se submeta a cirurgias, mudando de sexo física e juridicamente.

Ver *casamento*

Gestos

Há gestos invasivos, que desagradam às pessoas, assim como comportamentos. Quem fala batendo a toda hora no braço do interlocutor ou estende o braço a ponto de a mão quase atingir o rosto do outro torna-se desagradável.

Cacoetes – Sentado numa poltrona, desdobrar os joelhos, levantando o pé frequentemente, é um cacoete que chateia os outros. Ficar esfregando uma mão na outra ou as mulheres mexerem no colar ou em um anel é indício de nervosismo. É necessário controlar tais gestos numa entrevista para emprego ou ao falar em público.

Foto e vídeo – Durante um banquete, quando a gente percebe que vai ser fotografado ou filmado, para de mastigar e tenta se desvencilhar do copo de bebida. Alguém que aparece no jornal ou em fotos e vídeos online sempre de copo na mão não é elegante. O mesmo vale para o cigarro, causador de graves problemas de saúde, cujo vício revela falta de cuidado destas pessoas.

Ver *cumprimentos, fotografia, postura*

Gorjeta

Gratificação que significa bom serviço, por isto não cabe dar gorjeta quando o atendimento foi ruim. No mundo globalizado, a gorjeta é uma instituição que representa dez por cento do valor de um serviço prestado. Em hotéis, esse percentual pode ser maior de acordo com o valor da diária. A gorjeta da camareira deve ser dada pessoalmente ou deixada no quarto com um bilhete "Para a camareira", pois elas são treinadas para não ficar com valores que passem como esquecimento do hóspede.

Hóspede – Na casa de amigos pergunta-se à anfitriã se permite que se dê gorjeta aos seus funcionários, dizendo o valor, para não inflacionar o ordenado. Calcula-se a gorjeta de acordo com a duração da estada e os serviços prestados.

No exterior – Em países europeus e na América do Norte, os motoristas de táxi sempre recebem uma gorjeta correspondente a dez por cento do valor do roteiro percorrido. "Vaga-lumes" que conduzem o espectador a seu lugar no teatro ou funcionários de chapelarias são gratificados com nunca menos de um dólar.

Ver *hóspede, hospital, hotel, restaurante*

Gourmet

Palavra francesa, sem tradução, já incluída nos dicionários Aurélio e Houaiss para definir uma pessoa amante da boa mesa e sua profunda conhecedora. Não se pode confundir com gourmand, que igualmente aprecia a boa mesa, mas come muito, sem o requinte de um gourmet.

Gravata

Sua origem está nos lenços que os soldados croatas recrutados pelo rei Luís XIII da França usavam no pescoço. Da palavra "croates" surgiu "cravate", em francês, e "gravata" em português. Foi só em 1650, sob o reinado de Luís XIV, que a gravata passou a fazer parte do traje masculino, difundida por toda a Europa, em suas mil e uma variações.

Uso – "Com ou sem gravata?" é a grande dúvida do homem que preza por sua imagem. Entre os profissionais, a gravata se tornou o símbolo do traje dos executivos. Uma tendência forte é eliminá-la, mesmo com paletó, em eventos sociais menos formais, em que as mulheres comparecem com roupas decotadas, de acordo com o *dress code* esporte fino ou balada chique.

Moda – O estilo do homem influi não só na cor da gravata, como no formato. Assim, veem-se homens elegantes de smoking com gravata longa preta de cetim. A combinação com o lenço no bolso superior esquerdo também é motivo de estilo: gravata estampada e lenço liso numa das cores da estamparia.

Tipos de nó – O laço borboleta, usado com smoking, define o traje black-tie e é adotado também com terno, como símbolo de leveza e otimismo. Os nós mais apreciados são: semi-windsor, estilo executivo; e *four-in-hand* (quatro na mão), o mais alongado.

Ver *convite, traje*

Guarda-chuva

Seu uso adequado faz parte da etiqueta urbana. É levantado verticalmente, fechado, acima da cabeça das pessoas em volta, para ser aberto sem machucar alguém com a ponta das varetas. É fechado ao alto pelo mesmo motivo.

Guardanapo

Sua invenção é atribuída a Leonardo da Vinci, no século XVI. Revoltado ao observar frequentadores de restaurantes de Florença usando a toalha da mesa para limpar a boca, ele inventou os guardanapos. Num serviço de mesa, o guardanapo de tecido é um refinamento, inclusive em refeições à mesa sem toalha. O tamanho clássico de um guardanapo quadrado para almoço e jantar é de 43 cm de lado. Para café da manhã e chá da tarde, 24 centímetros de lado. Para aperitivo, são bem menores.

Uso – A primeira coisa, ao sentar à mesa, é desdobrar o guardanapo que poderá ter sido colocado no prato ou a sua esquerda e colocá-lo sobre as coxas, dobrado uma vez para não cair no chão. Neste caso, pede-se ao garçom para levantá-lo e trocar por outro. Antes de beber passa-se sempre o guardanapo nos lábios, evitando manchas de gordura da comida na borda do copo. Aquelas que estão de batom pressionam o guardanapo nos lábios para eliminar o excesso e não manchar o copo. Quando se necessita sair da mesa, não se deixa o guardanapo na cadeira, mas na mesa à esquerda do prato. No final do jantar é a mesma coisa, mas ele não fica dobrado meticulosamente. A intenção é que não seja reusado sem lavar. Por aí se vê que muitas regras de etiqueta surgiram por motivos desse tipo.

Descartável – Guardanapos de papel são usados em dois tamanhos – 43 cm x 43 cm e 12 cm x 12 cm. Em almoços e jantares menos cerimoniosos usa-se abrir o descartável como um forro do guardanapo de tecido. Com salgadinhos e docinhos servidos para convidados de pé, é oferecido só o descartável. A pessoa dobra-o e coloca na palma da mão esquerda como substituto do pratinho. O descartável também serve para proteger da baixa temperatura do copo com gelo.

Porta-guardanapos – Argolas largas de metal são utensílios que faziam parte da mesa dos séculos XVIII e XIX e retornaram no final do século XX às refeições mais refinadas, dando motivo a diferentes estilos, inclusive de vidro, de madeira ou de palha, de acordo com a toalha e os utensílios da mesa.

Ver *bandeja, lavanda*

H

Hábito

Atitudes repetidas e duradouras que resultam em usos e costumes. À medida que o homem evoluiu em sua trajetória, foi aprimorando os hábitos, afinados com o processo civilizatório.

Happy hour

É o período de relax após o expediente de trabalho, em que as pessoas se encontram em bares, cafés e restaurantes para beber e conversar. O happy hour surgiu em Nova York para movimentar os bares no horário pouco frequentado das 17 às 18 horas, atraindo clientes mediante o desconto nas bebidas e petiscos. Com o passar do tempo, o horário foi se estendendo. O nome happy hour já faz parte do dicionário Aurélio, como reunião informal de cardápio mais leve do que o do jantar.

Ver *azeite, cardápio, tapas*

Harmonização

Ver *vinho*

Hashi

A palavra japonesa consta no dicionário Aurélio como masculina plural, significando talheres. Faz parte da boa educação saber manusear as duas varetas dos *hashi*, (pronuncia-se com o acento tônico no i), *kuazi* em chinês e *chopsticks* em inglês. Com a difusão da cozinha japonesa após a Segunda Guerra Mundial, nos anos 1940, os *hashi* se tornaram conhecidos no Ocidente. Na etiqueta japonesa é recomendável que, ao jantar fora, se leve os *hashi* pessoais. As duas varetas ficam lado a lado, no sentido horizontal. As mais comuns são de madeira, que são separadas pelo próprio gourmet.

Manuseio – Os destros firmam a tigela de comida com a mão esquerda e com a direita manuseiam os *hashi*. O *hashi* superior é preso entre os dedos polegar, indicador e médio, movido para cima e para baixo, enquanto o inferior fica imóvel, na curva do polegar. O *shoyu* é um molho servido numa tigelinha à direita, onde se embebe o sushi preso pelos *hashi*. Por ser preparado com arroz, na proporção de um croquetinho, o sushi é colocado de uma só vez na boca. Quem não consegue usar *hashi*, pede talheres ocidentais no restaurante.

Ver *sushi*

Higiene

Prática preventiva da medicina para evitar doenças. Faz parte dos hábitos do homem civilizado manter a higiene pessoal, para ser bem aceito no convívio. Não basta banho diário, a manutenção da higiene começa no uso de desodorante e roupas asseadas. Em visita a doentes recomenda-se também, antes e depois, o uso do álcool gel nas mãos. Da pessoa que só se queixa e fala em desgraças, se diz: "Ela precisa fazer uma higiene mental".

Ver *banheiro, lixo*

Hino

Por ser um canto de patriotismo, o hino nacional é tocado diante do público de pé, em respeitoso silêncio. A partir do final do século XX, numa solenidade, há aplausos após a execução do hino, como louvor à pátria. Ouve-se o hino com os braços ao longo do corpo, mas há autoridades que colocam a mão direita sobre o coração.

Hino estrangeiro – Numa solenidade ele é apresentado sempre antes do hino nacional. No final de um ato solene regional usa-se apresentar o hino do Estado ou, na ausência deste, uma música marcante que o represente.

Homenageado

Ver *convidado, horário*

Horário

Chegar dez minutos antes ou depois do horário determinado para um almoço ou jantar é plausível; com meia hora de antecedência fica desconfortável para as pessoas diretamente envolvidas em sua organização. Numa entrevista para emprego, chegar meia hora antes revela ansiedade do candidato.

Homenageado – Quando há um homenageado na festa, seu horário de chegada é marcado para meia hora mais tarde do que os demais convidados. Assim poderá ser saudado por grande número de pessoas. É de praxe não sair de uma festa antes do homenageado. Por isto, ele não sai muito tarde, liberando os demais.

Ver *pontualidade*

Hóspede

Os anfitriões ao receberem um hóspede devem informar-se dos hábitos da família e horários de refeições, perguntando o que ele costuma comer no café da manhã. Na primeira refeição, o hóspede bem-educado aguarda que indiquem seu lugar e só come quando a dona da casa começar ou pedir que não a aguardem. Se o pessoal da casa sai de manhã mais cedo deixará todos os utensílios à disposição do hóspede na mesa.

Quarto de hóspede – Precisa estar arrumado quando ele chegar. É delicadeza receber uma hóspede com um vasinho com flores e uma revista de acordo com seus interesses. Num quarto partilhado com outra pessoa da casa, o roupeiro terá um espaço reservado, com os cabides à espera e uma gaveta ou espaço na estante para outros guardados. No caso de sofá-cama, o jogo de cama fica na gaveta entreaberta, mais duas toalhas e sabonete na embalagem fechada.

Hóspede ideal – "Se não houver transtorno para vocês", o hóspede avisa sua previsão de retorno. Na primeira manhã faz sua cama, mesmo se houver empregada, até ser avisado de que não há necessidade. Deixa tempo livre para seus anfitriões e, se estes recebem uma visita, cumprimenta a pessoa e depois se retira. Após arrumar suas roupas no quarto, respeitará os horários e o estilo da família. Vez que outra os presenteia com bombons, biscoitos etc. Ao voltar para sua casa, agradecerá, mais uma vez, a confortável hospedagem.

Ver *gorjeta*

Hospital

Na porta do quarto pode haver um cartaz: "Este paciente não recebe visitas" e um bloquinho com lápis para as visitas assinarem e não baterem na porta do quarto. Sem o bloquinho, se bate suavemente e, caso atenda um familiar, conversa-se rapidamente, mas, sendo uma enfermeira, deixa-se o cartão.

Acompanhante – Há diferença entre ser apenas visita ou acompanhante. Este ajuda o paciente ao receber alimento, atende telefone e fica atento ao horário dos remédios. Há ocasiões em que o acompanhante recorre à leitura como ajuda para enfrentar os longos silêncios, evitando fazer ruído ao folhear as páginas.

Ver *enfermeiro, nome, tratamento, visita*

Hotel

Ao chegar ao quarto é prudente olhar o regulamento na porta ou a pasta com as instruções. Sabe-se que bebidas, enlatados e bombons com a marcação em barras no frigobar de hotéis custam mais caro do que nos supermercados. Mas não adianta comprá-los fora, pois guardados no frigobar são igualmente cobrados.

Status – Empresários e executivos graduados escolhem o hotel para uma viagem de negócios também pelo status que representa. Não quer dizer, no entanto, que o diretor de uma empresa de médio porte deva se hospedar num cinco estrelas, fora do seu padrão econômico. Há bons hotéis para executivos com diárias a preços mais confortáveis. Sem intimidade com alguém que se encontra numa viagem, não se pergunta o nome do hotel. Pede-se o número do celular, se houver interesse.

Ver *endereço, gorjeta, viagem*

I

Igreja

Atos religiosos em igrejas e templos de diferentes credos estão relacionados a rituais da vida: batizado, confirmação, bar mitzvah, cultos e missas. Muita gente comparece a essas cerimônias só para cumprir um dever social, mas a todos é exigido comportamento respeitoso. A Igreja Católica tornou-se mais liberal em relação aos trajes femininos, porém comungar com um vestido muito decotado é desrespeitoso.

Postura – Em princípio, se imita todas as atitudes dos fiéis, menos tomar comunhão. Aquele que não costuma se ajoelhar fica de pé em sinal de respeito. Conversar e sentar-se de pernas cruzadas é postura descontraída que não cabe durante um ato religioso. Crianças pequenas, que choram ou andam de um lado para o outro, são retiradas da igreja pelo seu responsável para não perturbar o clima de orações.

Ver *casamento*

Iluminação

Luz é comunicação, mas em excesso pode se tornar desagradável. Numa reunião íntima usa-se de preferência luz pontual e de abajures. Ao serem colocados *spotlights*, cuida-se que não incidam diretamente no rosto das pessoas.

Impresso

Na era da computação gráfica, há muitos recursos de impressão. Ela pode ser simples, sem relevo (*offset*), ou em chapa gravada (*silk screen*), mais cara. O contraste da cor da tinta com a do papel é de grande efeito. À escolha: letras em tinta branca sobre papel preto, azul-marinho e vermelho, e papel reciclado na cor natural bege com as letras coloridas. Estes são impressos bem usados em convites empresariais.

Ver *cartões, convites, papel*

In memoriam

Expressão latina que significa em memória, homenageando pai ou mãe de noivo falecidos, usada em convites de casamento após o nome da pessoa.

Ver *convites*

Indiscrição

Fazer muitas perguntas pessoais durante uma conversa, além de cansar o interlocutor, pode ser invasivo. Indiscrição é perguntar a idade tanto para homens quanto para mulheres. Pode causar uma saia justa, diante de duas irmãs, indagar qual é a mais velha. Se aquela que parece mais jovem é a que tem mais idade a outra sempre se ressente.

Gafes – “Estás grávida? Quando nasce a criança?” Muitas vezes, ela só engordou; outras, o bebê nasceu há meses. Perguntar como vai o marido, quando faz algum tempo que não se vê um casal, pode ser uma gafe diante da resposta: “Deve ir bem, nós estamos separados”. Garantido é perguntar como vai a família. “Vocês ainda não pensam em ter filhos?” Além de ser pergunta indiscreta, pode ser constrangedora, se o casal faz tratamento para engravidar há anos. A maioria das pessoas não gosta de dizer o valor de suas despesas, quer seja um vestido ou uma festa.

Ingresso

Quando o namorado não paga o ingresso de cinema para a moça, esta fica a sua frente na fila da bilheteria para comprar o seu. Esta atitude não deixa de seguir a regra: *ladies first*, primeiro as mulheres. Com a facilidade que a internet propicia de se comprar ingressos para teatro – inclusive internacionais –, o bilhete em papel reduziu-se bastante. Ao comprá-los para amigos, eles serão entregues em envelope, e o valor correspondente devolvido em espécie também deve estar envelopado.

Instagram

Trata-se de uma rede social de fotos. Para usá-la, é preciso baixar o aplicativo gratuito no smartphone. Esta rede permite que os usuários apliquem filtros em suas fotos para que sejam compartilhadas no próprio Instagram ou em outras redes sociais, como o Facebook. Mas lembre-se: Instagram exige instantaneidade, é o retrato do momento. E não exagere nas “selfies” (autorretratos), pois seu objetivo é mais artístico.

Ver *redes sociais*

Internet

A internet tornou-se o meio mais prático e popular de comunicação, disponível não apenas no computador, mas também nos dispositivos móveis como tablets e smartphones, que combinam telefonia celular e computador. Por ser acessível durante as 24 horas do dia, evita-se navegar e usar a internet em encontros sociais, enquanto as pessoas em volta conversam. Por isto, tira-se o som de recebimento de mensagens do celular. Deve haver ética no uso dos recursos disponíveis na internet. Eles são ferramentas de comunicação que merecem cuidados para preservar a privacidade própria e das pessoas citadas, pois na internet o privado tem potencial para virar público, havendo dificuldade de entender a diferença entre um e outro.

> **Intranet** – É a internet restrita aos funcionários de uma empresa, com o objetivo de facilitar e proteger a comunicação interna. Através dela, não é adequado tratar de assuntos pessoais e fazer comentários desnecessários sobre colegas de trabalho.

Ver *blog, celular, e-mail, redes sociais, site, WhatsApp*

Intérprete

Toda vez que se tem necessidade de um intérprete para se comunicar em idioma desconhecido fala-se mais devagar, dando tempo para o profissional fazer a tradução.

J

Jantar

Palavra surgida nas últimas décadas do século XVIII, derivada do termo latino *jentaculum*, que significa almoço ao final da tarde. Com a mudança dos horários de trabalho, o jantar foi passado para a noite, a partir das sete e meia. Há jantares servidos à mesa e outros com bufê.

Pontualidade – A anfitriã avisa que o jantar está servido. Os convidados atendem logo ao pedido, para a comida não esfriar. É falta de consideração para com os presentes deixá-los à espera de retardatários. Quando se trata de bufê, um retardatário pode ter condições ainda de servir-se. Em jantar fora da mesa em que o convidado recebe seu prato já servido, a quem chega muito atrasado, se for íntimo, é oferecido um prato fora da sala. Mais correto é oferecer-lhe o prato que está sendo degustado, mesmo que já seja a sobremesa.

Ver *banquete, bufê, cardápio, convites, guardanapo, mesa, presentes, serviço, vela*

Jogo

Ao receber amigos para jogar cartas, a primeira providência é oferecer conforto aos parceiros, que às vezes permanecem sentados por muitas horas. A toalha que reveste a mesa de preferência será de feltro, em cor lisa, sem estampa, para dar o devido destaque às cartas na mesa. Bebidas e biscoitos ficam à disposição. Canapés gordurosos não têm vez durante um carteado.

Nível de parceiros – Ao aceitar o convite para jogar, deve-se saber o estilo do grupo, se joga forte a dinheiro. Quem costuma não prestar atenção ao jogo, preferindo conversar, não participa de uma mesa de bridge, por exemplo. Expressar indignação diante do lapso de um parceiro é agressivo. Há gestos repetidos que irritam: estalar os dedos, cantarolar ou sacudir as pernas não faz parte do perfil de um agradável parceiro. É preciso saber ganhar: repercute mal um jogador todo prosa com sua sorte ou que fica zangado quando perde.

Jogo americano

Sua origem é a redução do espaço das residências e a praticidade de os guardanapos serem usados de acordo com o número de pessoas. Eles são retangulares em tecido (30 cm x 22 cm ou 35 cm x 24 cm), dependendo do tamanho da mesa. Podem ser cartonados, de uso íntimo ou em casa de lazer. Uma maneira de tornar este último adereço de mesa mais refinado é acompanhá-lo de guardanapos de boca em tecido.

Juiz

O tratamento que se dispensa a um juiz durante um ato jurídico é Meritíssimo. No trato social é senhor ou doutor. Quando a cerimônia do casamento civil não é realizada em cartório, prepara-se a mesa para o juiz e o escrivão que o acompanha, em local de destaque na sala. É costume cobrir a mesa ou birô com uma toalha antiga de família, em renda, veludo ou brocado, com um discreto arranjo floral. O juiz fica de pé, mas uma cadeira de braços marca seu lugar diante do livro do registro civil.

Ver *casamento*

L

Lagosta

Ver *frutos do mar*

Lavanda

Tigelinha de metal ou de vidro, contendo água morna aromatizada com gotas de limão e pétalas de rosa para as mulheres. A lavanda é colocada na mesa sobre um pratinho de sobremesa, ladeada de garfo e colher de sobremesa, respectivamente à esquerda e a direita da tigela, após um alimento comido com as mãos. Mergulha-se a ponta dos dedos na água e se enxuga com o guardanapo.

Ver *frutos do mar*

Lembrancinhas

Minicaixas de bombons, docinhos, sachês para perfumar gavetas, agendinhas e minibolos são oferecidos aos convidados de festas de casamento e aniversários. Os anfitriões colocam na lembrancinha um cartão com agradecimentos pela presença. Nem todas as pessoas entendem este tipo de agrado e pegam algumas a mais, sem pensar que metade dos convidados ficará sem lembrancinha. Por isso, os mimos são expostos próximo do final da festa.

Lenço

No século XIII, o cortesão Bonvesin de la Riva recomendava que, ao assoar o nariz ou tossir, os cavalheiros virassem o rosto de lado para não cair secreção nasal na mesa. Norbert Elias cita ainda que, dois séculos após, as pessoas assoavam o nariz com os dedos e mais tarde recorriam à toalha da mesa. Surgido na Itália, o lenço se propagou na Europa como símbolo de status social, representando um estágio avançado da civilização. No século XXI, o tecido cede seu espaço aos descartáveis, por motivo de higiene.

Etiqueta – Quando se está resfriado, espirrando e obrigado a usar lenço frequentemente, não se comparece a jantares de cerimônia. Usar dentro do lenço um descartável e ter vários deles na bolsa ou no bolso do paletó é um recurso. É recomendável assoar o nariz no banheiro social e ali deixar o lenço descartável.

Licor

Ver *cardápio, copos*

Linguagem escrita

Na era da informática é raro escrever carta. Mas sua estrutura serve de orientação tanto para uma correspondência pessoal quanto profissional online. Ela é dividida em cinco partes: cabeçalho com o local da expedição e data; saudações: caro Fulano, querido etc. dependendo da relação, mais ou menos íntima; assunto; despedida e assinatura. A saudação final pode ser "cordialmente" ou um abraço ou beijo. Cartas íntimas levam a assinatura do primeiro nome. O nome por extenso ou suas iniciais são escritos no verso do envelope junto do endereço do remetente.

Ver *cartão de visita, convites, e-mail, papel de carta*

Linguagem verbal

É através do idioma que um povo conta sua história, passada oralmente de geração a geração, transmitindo sua cultura com as diferentes pronúncias e inflexões que revelam a região onde o cidadão criou sua identidade. A maneira como se fala reflete o grau de formação cultural.

Correção – É de mau gosto corrigir uma pessoa na presença de outras. Quando há muita intimidade, a sós com o amigo, pode-se fazer uma crítica construtiva sobre um atropelo na gramática: "Ainda que eu saiba que conhece a regra, de vez em quando você diz 'para mim' fazer, quando o certo é para 'eu fazer'".

Livro de presença

É um caderno de capa de couro ou de tecido usado em jantares e banquetes por adesão, onde os convidados assinam e escrevem uma pequena mensagem de louvor ao homenageado. A assinatura deve ser legível, caso contrário tem pouca valia. Na primeira página será escrito, de preferência em letra caligrafada, nome do homenageado, motivo da reunião, local e data. Em velórios e missas de sétimo dia é um caderno de capa preta, e as pessoas acrescentam endereço ou e-mail ao lado da assinatura para eventuais agradecimentos da família enlutada.

Ver *convidados*

Lugares marcados

Ver *mesa*

Luto

Com a abolição do luto na roupa dos familiares mais próximos, a palavra é aplicada ao período de recolhimento. No século XXI, esse período de recolhimento tornou-se relativo. Em vez de cultivar a dor, algumas pessoas tentam superar seu luto interno seguindo suas atividades normais, como ir ao cinema ou a reuniões mais íntimas

Respeito – Ao encontrar uma amiga(o), depois de algumas semanas de ter sofrido grande perda, não se usa pedir desculpas por não haver comparecido ao velório, nem se comenta a doença do falecido. A mais discreta manifestação neste tipo de encontro é, em conversa, olhando para o enlutado, perguntar: "Você está bem?". Ele entenderá.

Ver *falecimento, velório, visual*

M

Madrinha

Ela pode ser de batizado, crisma ou casamento. É assim chamada também aquela que protege e ajuda alguém, inaugura e empresta seu prestígio a um ato público, como o lançamento ao mar de um navio.

Ver *padrinhos*

Mala

Há estilos diferentes de fazer a mala. O básico é dobrar as camisas colocando uma sobre a outra, na direção contrária na mala, para preservar os colarinhos, preenchendo o centro com suéteres de malha dobrados também.

Calças e saias – A mala é forrada com duas tiras de plástico, uma no sentido da largura, outra no do comprimento, com sobra nas extremidades, como se faz nas caixas, cobrindo seu conteúdo. As calças dobradas pelo vinco são colocadas no fundo, a parte da cintura (cós) subindo, como forro da lateral da mala, com folga acima; a outra extremidade da calça cobre só a extensão do fundo. Uma segunda calça é disposta ao contrário. As saias ficam sobre as calças; saias longas, deixa-se a parte do cós sobrando na lateral da mala para dobrá-la.

Camisas e complementos – Adota-se o mesmo sistema das calças e saias, deixando as mangas para fora nas laterais da mala. Blazers são transpassados, sem abotoar, as mangas obedecendo às costuras, sem dobrar as ombreiras. Lapelas são desdobradas, inclusive na gola, e transpassadas uma na outra. Depois é dobrar o paletó uma vez. Malhas, sapatos e bolsas são ajeitados no meio da mala. Por fim, cobre-se todo este conteúdo com o plástico de sobra nas laterais da mala.

Chave – Sua perda é preocupação constante numa viagem. Convém colocar a chave da mala num chaveiro dentro de uma bolsinha colorida guardada num lugar seguro.

Ver *bagagem, viagem*

Mãos

O toque de um aperto de mãos deve ser agradável, por isto pessoas com tendência a suar nas mãos ou, ao contrário, tê-las secas e ásperas precisam usar loção adstringente e creme hidratante. Além disso, precisam estar asseadas, o que significa unhas aparadas e sem o filete negro, causado ao manusear o rímel ou na prática da jardinagem doméstica.

Postura – As mãos falam. Quando se é tímido e inseguro, ao enfrentar uma situação de estresse, não se sabe o que fazer com as mãos. As mulheres ficam revirando o colar, passando a mão no cabelo, os homens esfregando-as uma na outra, mexendo nos punhos da camisa ou na gravata. É simples aparentar segurança nos gestos: de pé, manter os braços ao longo do corpo; a mulher, sentar-se com as mãos no colo, a esquerda com a palma aberta para cima e a direita com a palma sobre a outra.

Ver *cumprimentos, postura, traje*

Maquiagem

É natural que as pessoas, ao passarem diante de um espelho gostem de ver sua imagem. Mas ficar se olhando, durante uma conversa, é falta de atenção para com quem está falando. Passar batom nos lábios à mesa de refeições é uma atitude deselegante. O retoque é feito no lavabo.

Ver *aparência, moda, visual*

Massa

A preparação de farinha de trigo, água, ovos e sal já existia por volta de 1000 a.C. na Ásia Central e foi introduzida na Itália por volta de 400 a.C. Em geral, pega-se garfo e colher para comer talharim e espaguete, ainda que os italianos mais refinados do Norte usem só garfo e em algumas mesas típicas coma-se só com a colher.

Etiqueta – As tirinhas de massa são enroladas no garfo com a mão direita, fazendo um movimento rotativo com o talher apoiado no prato. Pode-se ajudar com a colher na mão esquerda, como anteparo do garfo que leva a massa à boca. Não se corta talharim, mas a moderna etiqueta aceita que os longos fios sejam partidos com o lado do garfo. Há talheres especiais, design afilado, o garfo com dois dentes e a colher mais rasa que o normal.

Babador – Alguns restaurantes de cozinha italiana oferecem babadores aos clientes como proteção à roupa, já que as massas são servidas em suculento molho. O babador não exclui o guardanapo.

Ver *prato*

Mesa

O espaço individual mínimo para um comensal é de cinquenta centímetros, com folga de três centímetros entre o prato e a borda da mesa. Assim como se escolhe a roupa para determinada ocasião, arruma-se a mesa em harmonia com o ambiente. Em princípio os anfitriões não sentam lado a lado, mas frente a frente. Na etiqueta tradicional, cada um dos cônjuges ocupa uma das cabeceiras da mesa. Se alguém se atrasar, é aguardado por meia hora, caso contrário seria desconsiderar as pessoas presentes, e serve-se a refeição.

Lugares à mesa – Da localização e distribuição dos convidados depende muito o êxito de uma reunião. A determinação de quem fica lado a lado, numa mesa, é tarefa delicada, por isto compartilhada pelos anfitriões e o cerimonialista.

A convidada de honra fica à direita do anfitrião, e o convidado à direita da anfitriã. Usam-se, também, as esquerdas para destacar outras duas pessoas. É possível criar um segundo núcleo, de menor importância, colocando mais duas pessoas como anfitriões – vis a vis –, no centro da mesa.

Os convidados, após a distribuição dos lugares, ficam de pé atrás da sua cadeira aguardando que a anfitriã se sente para fazerem o mesmo. Quem começa a comer é ela, mas em geral insiste que não a aguardem, pois "a comida vai esfriar". Eles comem então vagarosamente até ela iniciar.

Toalha – Se for de renda, é reservada para um jantar mais fino, enquanto a estampa xadrez é adequada para churrasco, massas e feijoada. O branco liso na mesa é um clássico, mas toalhas coloridas permitem expandir a criatividade.

Mise-en-place – A escolha do cardápio e sua sequência determina a montagem do lugar na mesa (*mise-en-place*). Se a porcelana tiver emblema ou monogramas gravados, os pratos são colocados com o desenho na mesma posição. Os talheres ficam dispostos de fora para dentro, de acordo com a sequência do cardápio. Por isto se começa a comer por aqueles que estão mais afastados do prato. Colheres e facas (estas com o fio para dentro), à direita do prato; garfos à esquerda, exceto o garfinho de ostra, que fica à direita também. A parte côncava da colher e do garfo é apoiada na mesa. Copos acima do prato, à direita.

Etiqueta – Não se apoiam os cotovelos na mesa, mas sim os pulsos. Ao comer, os cotovelos são mantidos junto do corpo, e não se gesticula com os talheres na mão.

Planta baixa – É a partir das mesas na planta do salão que se faz a distribuição dos convidados de uma festa, numerando cada uma das mesas, ou lhes dando nomes a partir de um tema do interesse dos anfitriões ou do homenageado: música, flores, cidades de um roteiro de viagem. À esquerda e à direita da mesa principal ficam mesas menores que, quanto mais próximas, mais destacadas.

Mapa das mesas – Em cerimônias oficiais, à entrada do salão o convidado se defronta com um "plan de table", o mapa da distribuição das mesas, em geral de metal emoldurado disposto num pedestal.

Card places – São cartões marcadores de lugares com o nome do convidado escrito de forma legível. Pode ser duplo para ser apoiado entreaberto nos dois lados ou simples, enfiado num porta-cartões para esta finalidade, de acrílico, metal ou porcelana. O card place facilita o entrosamento entre as pessoas que não se conhecem ou esqueceram os nomes. É comum só a mesa principal ter card places em lugares fixos. As demais mesas têm um certo número de convidados determinados para cada uma constando numa lista. À chegada, o convidado dá seu nome por extenso e a recepcionista indica sua mesa e localização apontadas na lista.

Mesas separadas – Nem sempre há espaço para uma única mesa principal grande. Montam-se então duas mesas similares. Numa delas fica a anfitriã com uma parte dos convidados, na outra o dono da casa com os outros convidados. Se um e outro forem sozinhos, um parente ou amigo preside a segunda mesa. Quando há muitas mesas, como em festa de casamento, em cada uma haverá um convidado fazendo as vezes de anfitrião.

Tipos de mesa

Mesa de honra: lugares ocupados só de um lado, muito usada em banquetes.

Mesa francesa: dois lados ocupados, anfitriões ao centro, frente a frente.

Mesa em U completo: lugares externos e internos ocupados, deixando a frente para homenageados e convidados de honra.

Mesa em T: não são ocupadas as extremidades

Ver *cardápio, casamento, colher, copos, couvert, faca, garfo, guardanapo, pão, serviço, talheres, toalha, xícara*

Metrô

Seu uso segue os mesmos princípios de civilidade adotados nos ônibus.

Ver *ônibus*

Mexilhão

Ver *frutos do mar*

Mochila

O bolsão preso às costas por tiras que envolvem os ombros nos transportes coletivos deve ser colocado na frente ou de lado para o passageiro melhor se movimentar e dar passagem no interior do ônibus ou do metrô, evitando machucar alguém.

Ver *ônibus, metrô*

Moda

Tendência passageira de se vestir de acordo com diferentes estilos e a cultura de uma época. Processo em constante evolução. "Uma moda só pode ser considerada como tal quando chega às ruas", disse Chanel.

Ver *traje*

Monograma

Guardanapos, toalhas de banho, roupa de cama e mesa com monograma adquirem categoria e conferem status aos donos da casa. É fácil, os bordados à mão do passado são hoje realizados por computador. Fronhas recebem a inicial do primeiro nome do marido e da mulher; toalhas de banho, a mesma coisa. Iniciais dos sobrenomes entrelaçados podem ser aplicadas a toalhas de mesa.

Ver *mesa*

Música

O gosto por determinado estilo de música não pode ser imposto. Por isto, no carro, não se deixa o som do rádio muito alto. Quando se aguardam convidados em casa é aconchegante o som musical baixo, de preferência instrumental. A música é uma forma de boa acolhida a quem chega num ambiente, afinada com o estilo dos que participarão da reunião.

Ver *aplauso, baile, casamento*

N

Nascimento

Maternidades de alto padrão têm um sistema de apresentação do bebê. Logo após o primeiro banho, o pai ou o obstetra apresentam a criança, num espaço envidraçado, aos familiares que ficam do outro lado desta “vitrina”. Dias depois muitos pais, às vezes com os irmãos e os avós do recém-nascido, fazem uma participação pelo jornal. Quando se trata de bebê adotado, seus pais “participam a chegada de Fulano de Tal, ocorrida dia... mês... ano”.

Ver *batizado, crianças, presentes*

Natal

A anfitriã de uma festa natalina em que os participantes contribuem com bebidas e comida deve fazer um cardápio geral para cada um levar pratos que condigam com ele. Bebidas, a mesma coisa, ainda que espumante seja o ideal até para o preparo de uma bebida gelada com frutas, como é o clericot.

Data – Além da comemoração familiar na noite de 24 de dezembro, festeja-se o Natal em outras datas e locais, inclusive entre colegas de uma empresa. Se uma parte da família viajará no Natal, antecipa-se a comemoração familiar. A data propriamente dita é festejada com outras pessoas e local. Sem estresse.

Amigo-secreto – Numa concorrida noite de Natal é uma boa providência ter duas ou três lembrancinhas unissex empacotadas para presente para a eventualidade de alguém ter sido esquecido ou aparecerem pessoas não previstas. Nem todos os participantes de uma festa natalina precisam ser convidados a participar do amigo-secreto, cujo limite de valor é sempre preestabelecido. O presente é entregue após a ceia, e namorados recentes em geral não estão incluídos. Havendo crianças, é melhor presenteá-las antes da ceia. Além de mais econômico – basta levar um presente, sabendo com antecedência quem será o amigo –, o amigo-secreto é um costume que já saiu da esfera particular para entrar nos locais de trabalho. O que não pode é deixar de participar de última hora: alguém ficará sem presente.

Ver *presentes*

Navio

Cabe à agência de turismo entregar aos passageiros a programação a bordo de um cruzeiro. De acordo com os eventos e o tema desse cruzeiro, organiza-se a bagagem. Quem fica mareado em alto-mar prefere um camarote de centro, ainda que geralmente não tenham escotilha. Estar a bordo é como se hospedar em hotel de luxo, num convívio mais intenso. O comportamento em relação à pessoa com quem se divide a cabine é o mesmo de um quarto de hotel.

Passaporte – A vida a bordo de grandes navios às vezes com mais de dois mil passageiros é como numa cidade, com pessoas de diferentes níveis de educação. Com as facilidades de pagamento em longas prestações, famílias inteiras fazem um cruzeiro. Antes do embarque são entregues os passaportes de bordo, que devem estar sempre com o passageiro, valendo como identificação e para pagar as compras.

Ver *hotel*

Netiquete

Quem se comunica por meio da internet faz parte de uma tribo internacional com linguagem própria, seguindo códigos de etiqueta. Há os "smileys", abreviaturas que expressam situações. 8-) significa usuário de óculos, por exemplo. Gravata borboleta é: :-)X . Óbvio que não vai se usar estes smiles sem saber se o destinatário da mensagem é familiarizado com estes códigos. Existe também um dicionário de acrônimos, combinação de letras de várias palavras. Exemplo: JAM = *just a minute.* O grupo de letras sintetiza as primeiras letras de palavras em inglês. TIA = *thanks in advance*, agradecimento antecipado.

Ver *e-mail*

Noivado

Mesmo que um casal de namorados seja independente, o noivo terá uma conversa com os pais da noiva, especialmente quando ela ainda residir com a família. O fato de ele ter filhos de união anterior sob sua guarda é uma das questões, pois repercutirá na vida do novo casal.

Festa – Namorados que moram juntos oficializam a intenção de se casar com uma festa. Nos dias atuais há jantares participativos realizados em restaurante: cada convidado paga sua despesa. Informal. Na maioria das vezes, é ocasião de "trocar as alianças" e comunicar à família e aos amigos a época em que pretendem se casar. Pode ser até um ano antes, tendo-se em vista reserva da igreja e do local da recepção. É durante o jantar, na hora de brindar, antes da sobremesa, que os namorados, de pé, colocam as alianças. Cuida-se para não revestir o noivado com características da festa do casamento, que ainda vai acontecer.

Ver *alianças, chá de panela e chá de bar, convites*

Nome

O nome é a grife de um indivíduo. "É a pessoa que faz o nome" diz um ditado, que se confirma diante das diferenças entre pessoas com o mesmo nome. Ao conversar com alguém, deve ser mencionado de vez em quando seu nome, pronunciado corretamente. Por isto pergunta-se a pronúncia e a grafia corretas de nomes de origem estrangeira.

Apelido – Dizer, de vez em quando, o nome da pessoa com quem se fala é distingui-la. Mesmo tratando um amigo pelo apelido Kiko, ele será apresentado com seu nome por extenso. Quem sugere ser chamado pelo apelido é o próprio.

Ver *apresentações, tratamento*

O

Óculos

Um design de óculos que favoreça o rosto pode não só embelezar e reforçar a personalidade da pessoa como rejuvenescê-la. Óculos de lentes escuras, com armação colorida de grife, são um complemento fashion, combinando com a roupa e iluminando o rosto. Sabe-se a importância do olhar na comunicação interpessoal, por isso recomenda-se não usar óculos escuros em ambientes fechados. Mas há situações especiais que justificam esse uso. As lentes escuras são usadas para não expor emoções fortes, como o choro. Elas representam uma proteção também para os políticos, sob a tensão de uma derrota, diante do registro da mídia. Há mulheres que usam óculos de lentes escuras mesmo em interiores para esconder as rugas e a falta de maquiagem.

Ônibus

O respeito que pauta a vida urbana começa ao entrar no veículo, pedindo licença, sem empurrar com cotoveladas e falar grosseiramente. Quem está sentado quando entra uma pessoa muito idosa, grávida ou com criança de colo cede o seu lugar. Esta é uma regra de civilidade do convívio urbano nem sempre seguida entre os brasileiros.

Segurança – Evita-se levar dinheiro e cartões de crédito nas bolsas devido aos frequentes roubos nos meios de transporte coletivos, guardando-os em bolso interno. A bolsa deve ficar na frente do corpo, pressionada pelo braço. A alça de uma a tiracolo permanece envolvendo o ombro, e a bolsa protegida.

Ver *mochila*

Open House

É a oportunidade em que se abre a casa para os amigos por alguma data especial, sem formular convites. Avisa-se só aos mais íntimos e eles comunicam aos amigos em comum. Como é impossível determinar o número de participantes de um *Open House* não há responsabilidade do cardápio. O ideal é um bufê com uma gostosa sopa (quente no inverno e gelada no verão), torradas e pastas, quiches e alguns docinhos. E bebidas com e sem álcool.

Ver *cardápio*

Ostras

Ver *frutos do mar*

P

Padrinhos

Antes de convidá-los, a primeira medida é de concordarem com os requisitos exigidos pela religião. Quem aceita ser padrinho de batismo deverá sempre atenção ao afilhado, não só através de presentes como estimulando o relacionamento. Sempre é difícil separar um casal ao escolher os padrinhos do filho sem ferir a suscetibilidade do cônjuge excluído. Para que isso não aconteça, uma pessoa da família será a escolhida para formar o par.

Ver *batizado, casamento, madrinha, presentes*

Palestra

Não havendo debates, o melhor é ter um pódio para o palestrante, que é chamado pelo apresentador. Na primeira fila do auditório ficam as personalidades destacadas e os demais palestrantes, na medida em que forem chegando. Se houver mesa, é presidida pelo anfitrião do encontro (seminário, reuniões de empresa e clubes), sentado ao centro, ladeado pelas duas pessoas mais distinguidas. A mesa não impede que haja o pódio em local visível por toda a plateia.

Preparativos – Ao contratar um palestrante, deve-se comunicar a ele o tempo que terá disponível. Os microfones são testados antes, assim como a garantia de uma ampla visão do palestrante para a tela de projeções ilustrativas.

Apresentação – Quem apresenta um conferencista deve ser sucinto em suas informações sem dizer "Fulano de Tal é por demais conhecido e dispensa apresentação", pois os títulos principais de seu currículo devem ser mencionados. Quando são feitas longas perguntas na plateia, cabe ao mediador intervir: "Desculpe, seu tempo está se esgotando". Se é o palestrante que ultrapassa o tempo, será colocado diante dele um bilhete, determinando os minutos para encerrar.

Ver *apresentações, traje*

Palito

Os costumes evoluem. Espalitar os dentes é considerado um ato higiênico que não cabe à mesa de refeições, e, mesmo que haja palito na mesa, ele não é usado por pessoas de boa educação. Um antigo paliteiro de prata vale por si só como adorno que pode receber florzinhas.

Ver *banheiro*

Pantalonas

Nas décadas de 20 e 30 do século XX, Chanel lançou calças femininas largas e confortáveis para serem usadas em iates e na praia. Com menor exagero, as pantalonas têm feito um vaivém na moda, inclusive masculinas. Prestam-se muito para noite, com efeito de vestido longo, principalmente para anfitriãs.

Pão

O pão, desde a pré-história, é o principal alimento de um povo. Ele pode se tornar sofisticado, dependendo do processo de panificação e dos ingredientes, que lhe conferem diferentes coloridos. É indicado como "tira-gosto", isto é, para "limpar" o paladar antes de fazer uma prova de vinho. O pãozinho do couvert é partido com os dedos, à medida que se vai comendo. A faquinha é só para untar o pão com manteiga ou patê.

Ver *couvert, guardanapo*

Papel de carta

Cada vez se escreve menos cartas, mas pessoas com vida social intensa têm seu papel de carta, com o nome impresso no alto da folha à esquerda ou as iniciais em papel liso. A folha pode ser dupla, com o texto da primeira página continuando na segunda, ou no verso da primeira. Quem possui papel de carta e envelope de qualidade encontra sempre oportunidade de usá-lo.

Ver *correspondência*

Passeio

Ver *traje*

Passeio completo

Ver *traje*

Patê

Termo francês que define uma pasta de carne, de vísceras de ave, de peixe ou de legumes com temperos e vinhos, como o do Porto. O mais refinado é o patê de foie gras, delicada pasta preparada com fígado de ganso propositadamente hipertrofiado para este fim. O patê *en croute* (na crosta) é preparado em forma retangular e envolvido por massa folhada, que vai ao forno. É servido desenformado e cortado em fatias, comido com garfo. Os patês enlatados são servidos frios, sobre torradinhas e bolachas. Sua textura pode ser aveludada ou ele pode ser em pedaços, quando segue a receita rústica campestre da região da Borgonha (França).

Peixe

O peixe fresco tem cheiro agradável, escamas aderentes à pele, guelras vermelhas (respiradores) e olhos brilhantes. Eles são divididos em gordos e magros. Entre os gordos estão incluídos o salmão, o atum, a cavala, o arenque e as sardinhas. O bacalhau, o linguado e o badejo ficam entre os pescados magros.

A carne delicada do peixe deu ensejo ao par de talheres especiais: o garfo com dentes mais largos e curtos e a faca sem fio, parecida com uma espátula, a extremidade pontuda para separar a porção da carne na direção da fibra. Mesas brasileiras usam bastante os talheres de peixe, incluídos nos faqueiros de categoria. Se não houver disponíveis, usam-se talheres normais, a faca com a mesma função da espátula.

Espinha – Ao encontrar uma espinha, cobre-se a boca com a mão esquerda em concha e a espinha é retirada com o polegar e o indicador da mão direita, deixando-a num lado do prato (como se faz com o caroço da azeitona). Quando o peixe é preparado em suflês ou aos pedacinhos, come-se só com o garfo na mão direita.

Bouillabaisse – Um clássico da gastronomia francesa é a sopa Bouillabaisse, preparada com pescado de diversos tipos, frutos do mar, tomate, cebola, temperos e vinho, tudo fervido num panelão. Esta sopa é apresentada em dois recipientes: o caldo numa sopeira e os pescados na travessa. Sua versão brasileira chama-se Leão Veloso, em homenagem ao diplomata que trouxe a receita para o Brasil.

Ver *cardápio, vinho, talheres*

Penetras

É frequente, tanto em clubes quanto em festas particulares, que pessoas não convidadas queiram entrar. Nos bailes de quinze anos é onde mais aparecem rapazes que se infiltram na companhia de amigos convidados. Há também meninas penetras. Não cabe à aniversariante tratar diretamente do assunto, mas sim à equipe do cerimonial. Quando os penetras são conhecidos e estão trajados de acordo, para evitar constrangimento maior, há anfitriões que preferem deixá-los passar.

Ver *festa*

Perfume

Os odores estimulam impulsos diretamente na zona do cérebro que comanda as emoções. Por isto, ao perceber o aroma de um perfume, pode-se sentir melancolia associada à lembrança de uma pessoa. O perfume é sensível à luz, à temperatura ambiente e aos ácidos contidos em nosso organismo, que podem alterar seu aroma, de acordo com a temperatura do corpo. Daí um mesmo perfume ser diferente em cada pessoa que o usa.

Escolhas – Perfumes adocicados à base de forte essência floral são enjoativos no verão, enquanto na estação fria ficam mais agradáveis. Aromas sofisticados são considerados dominadores, tomam conta de um ambiente. A mulher ativa prefere água-de-colônia aromatizada com lavanda a perfumes. É à hora da festa que um perfume aplicado na parte de dentro dos pulsos ou atrás das orelhas fica na medida certa.

Não se perfumar – De manhã. No escritório. Em consultas médicas e visitas hospitalares. Para um jantar, pois o perfume forte intervém no aroma e no sabor das comidas. No pescoço, junto a um colar de pérolas cultivadas, escurece as pérolas próximas. Velas que espargem aroma ambiental e incenso podem deixar um ambiente desagradável.

Perguntas

Numa sala de aula, cuida-se para não fazer a pergunta interrompendo a frase do professor. Levanta-se o braço e aguarda-se que ele conceda a palavra. Numa conversa, fazer muitas perguntas é cansativo para quem deve respondê-las. Uma pergunta pode virar gafe (dar um fora sem intenção de magoar). Assim, é preferível dizer "como vão todos em casa" em vez de perguntar pelo marido ou pela mulher. Pode ter havido separação ou um fato desagradável.

Indiscrição – Pergunta indiscreta é também a que envolve dinheiro. Assim, não se pergunta depois de uma bela festa quanto custou o trabalho do cerimonialista, o jantar ou a roupa da anfitriã.

Ver *indiscrição*

Pêsames

A expressão é empregada para manifestar pesar a quem sofreu uma perda. Pode-se usá-la ao cumprimentar os familiares mais próximos do falecido durante o velório e ao final da missa de sétimo dia. Em vez de dizer "meus pêsames", demasiado formal, se diz "sinto muito", "é uma pena", ou se faz esta manifestação em silêncio com abraço.

Formas – Enviam-se pêsames por cartão e telegrama, e-mail ou telefone. Neste caso, de preferência contatando com um filho ou outro parente da pessoa falecida, em vez do viúvo(a). Não se dá pêsames num encontro casual com uma viúva, após meses de falecimento do marido.

Ver *luto, velório*

Pizza

Pode-se dar uma boa apresentação a uma pizza de tele-entrega num jantar improvisado, fora da caixa, ainda quente, num prato redondo. Ela é cortada com pá de torta ou faca e garfo grandes, em fatias triangulares. Melhor ainda é fazê-lo com a carretilha especial, para obter um corte perfeito de fácil execução.

Plateia

Ver *cinema, pontualidade, teatro*

Ponche

Bebida preparada com pedaços de frutas ao natural, guaraná, suco de uva, água mineral com gás e vinho branco doce. No século XIX servia-se ponche em poncheiras de cristal parecidas a sopeiras, com tampa e colher na forma de concha para servir a bebida em canequinhas baixas, pendentes da poncheira pela alça. Quem ainda conserva poncheiras pode oferecer também clericot e sangria no belo recipiente.

Ver *bebida, clericot, copos, sangria*

Pontualidade

Sabe-se que a pontualidade é requisito que soma ao currículo de um profissional. Um entrevistador mais rígido é capaz de não receber o candidato a emprego que está dez minutos atrasado. A solução é usar o celular avisando que chegará atrasado devido ao trânsito. Por isso sai-se de casa mais cedo, mas, como chegar a uma entrevista quinze minutos antes revela ansiedade, é mais adequado aguardar alguns minutos antes de entrar no escritório.

Porta

Fechada ela é uma barreira que deve ser respeitada, fazendo parte da boa educação bater antes de entrar num quarto. O mesmo se faz num escritório, ainda que a pessoa esteja sendo aguardada.

> **Boas maneiras** – Um homem educado abre a porta para a mulher e fica ao seu lado, deixando-a passar à frente. Por deferência, o mais jovem fará o mesmo com uma pessoa mais velha; o subordinado com seu superior. Depois de passar, segura-se sempre uma porta vaivém, para a pessoa atrás ou a que vai entrar. As giratórias com repartições são usadas vagarosamente, evitando atropelos para quem as está usando ao mesmo tempo.

Postura

Quando se fica parado de pé, os pés devem estar paralelos e um pouco afastados (muito juntos desestabilizam a postura) ou a perna direita um pouco à frente, dividindo o peso do corpo. É deselegante dobrar um dos joelhos, descansando o corpo na perna esticada com o quadril deslocado.

Comportamento – Assumir uma postura correta é seguir os bons princípios e a ética para conquistar prestígio profissional. Para isso também contribuem as boas maneiras à mesa, tanto é que em cursos de treinamento para executivos há aulas de etiqueta.

~ Ver *mãos*

Praça

Além de ser um local público que pertence a todos, exigindo respeito aos direitos de cada um de seus frequentadores, a palavra se refere, num restaurante, ao núcleo de mesas reservado para cada um dos garçons atender. É fundamental num bom serviço.
O primeiro dever de todos que frequentam uma praça pública é manter a higiene e a saúde pública, colocando o lixo nas lixeiras. Nesses espaços as pessoas se cumprimentam, conversam, mas muita gente prefere caminhar ou correr sozinha, seguindo o próprio ritmo, ou praticar esportes, e não se deve interrompê-la.

Esporte – Nas praças com quadras de futebol, basquete e trilha de bocha, os grupos se formam e, como num clube, respeitam horários previamente determinados.

~ Ver *cães, serviço*

Prato

Vasilhas eram fabricadas na Antiguidade em cerâmica, metal e vidro. Na Idade Média, servia-se a comida em superfícies redondas de massa de pão, uma para cada duas pessoas. Estes "pratos" depois de usados eram jogados aos pobres, que ficavam à espera junto aos castelos. Quando a China começou a exportar a porcelana, preparada com uma argila branca chamada caulim, houve maior conforto na utilização dos pratos e estética da mesa.

Prato fundo – É cada vez maior seu uso, inclusive em mesas mais refinadas. Até o século XIX usado quase que exclusivamente para sopa, chega ao século XXI extensivo às massas e carnes ensopadas e sem guarnição, bem como a sobremesas cremosas. Não é servido direto sobre a mesa, mas em cima de prato raso.

Self-service – Ao dirigir-se ao bufê, segura-se o prato vazio com as mãos à altura da cintura, e os talheres firmados entre o dedo polegar e os demais abaixo da borda do prato.

Comportamento – Ao serem retirados da mesa, tanto pelos donos da casa quanto pelo pessoal de serviço, os pratos não são empilhados, mas levados de dois a dois, depois de retiradas as travessas e a molheira da mesa. Se um anfitrião terminar de comer antes dos convidados, ele não pede para retirar seu prato: o gesto pode ser interpretado como desejo de encerrar o jantar. Enquanto houver alguém comendo, nenhum prato individual é retirado.

Ver *mesa, serviço*

Precedências

Ver *protocolo, rua*

Presentes

Não basta a gente gostar muito de um objeto, a escolha deve ser de acordo com a personalidade da pessoa que vai receber o presente e a relação mais ou menos íntima. Há objetos de grande valor material que não agradam e outros mais simples, como um disco que corresponde ao gosto musical do presenteado, muito apreciados. Retribuir um presente baseando-se em seu valor material não é princípio que se deva levar em conta. Cada um presenteia como pode. Presentear é um gesto espontâneo. Há festas em que mais de uma pessoa convida. O convidado só precisa levar presente para a pessoa de suas relações que o convidou. Seu nome consta no verso do envelope como remetente.

Entrega – Todo pacote de presente deve ser dado com o cartão de quem o oferece, mesmo entregue em mãos. Numa reunião com muitos convidados, a anfitriã às vezes não pode abri-lo na hora, como manda a etiqueta. Mais tarde, ao revisar quem deu o quê, ela agradece por e-mail ou telefone, de preferência citando o objeto presenteado.

No convite – Não se anexa o cartãozinho da loja onde está a lista de presentes para noivos. Eles aguardam que os convidados telefonem para se informar onde encontrar as listas. Há noivos que têm casa montada e preferem ajuda monetária para a lua de mel. Com os familiares e amigos íntimos eles falarão francamente, mas propor no convite impresso ou no site que o convidado deixe um envelope na urna que estará no local da festa é deselegante.

Lua de mel – A agência de viagem escolhida pelos noivos abre um site com roteiro e lista de presentes alusiva à lua de mel do casal. São custos de passagens, passeios, ingresso de espetáculos, almoço, lanche e jantares especificados. Um passeio de vaporetto em Veneza, por exemplo, pode corresponder a sessenta dólares. O convidado faz a escolha do seu presente e os noivos recebem uma relação com o nome de quem deu o quê e seu cartão de cumprimentos pelo casamento.

Passar adiante – Ocorre que presentes repetidos ou não condizentes com nosso gosto pessoal sejam repassados a quem vai apreciar o objeto. Um perigo é que esta pessoa seja aquela que nos presenteou. Nem sempre quem o recebe de volta silencia. Até faz humor: "Adorei esta echarpe, quando a comprei para você. Portanto, não se encabule, vou usá-la muito feliz", mas deve-se ter cuidado de não repassar um presente recebido para pessoas de um mesmo grupo.

Ver *casamento, convites, flores, Natal*

Professor

Ver *escola*

Protocolo

É um conjunto de normas para a organização de cerimônias públicas ou privadas no país e internacionalmente. Comparável às regras de trânsito, o protocolo orienta as relações entre os indivíduos. Protocolo não é sinônimo perfeito de cerimonial. Este último alinha numa sequência os acontecimentos de um evento, respeitando as orientações do protocolo.

Precedências – Palácios de governo e grandes empresas possuem um chefe de cerimonial, que respeita as precedências numa cerimônia, segundo a ordem de importância dos participantes. No mundo oficial e nas relações internacionais determina-se o lugar que as pessoas ocupam por direito, de acordo com sua hierarquia profissional e idade. Existem normas do cerimonial público. Aos responsáveis pela organização de eventos que envolvam autoridades, aconselha-se consultar o manual do Decreto n. 83.186, de 19 de fevereiro de 1979, regulamentando a ordem de precedências nas cerimônias de caráter oficial em Brasília, nos Estados e municípios. A precedência dos governadores segue a cronologia da constituição de seus respectivos Estados. O governador da Bahia numa cerimônia é o primeiro na relação.

Ver *cerimonial, cerimonialista, lugares à mesa*

Q

Quarto

Partilhar um quarto pode dar motivo a atritos entre pessoas que normalmente convivem bem. Os problemas, em geral, começam pela diferença da temperatura ideal no quarto. Graduar o ar-condicionado, tirando uma média desses desejos, demonstra boa vontade. Manter a ordem de roupeiro e gavetas evita reclamações; luz de cabeceira para cada um reduz as discussões.

Ver *viagem*

Queijo

Sua base é o leite de vaca, de cabra ou de ovelha, com um agente fermentador para a coagulação, acrescido de outros ingredientes que possibilitam que o queijo seja enformado. Há queijos redondos, retangulares e triangulares em diferentes tamanhos. São franceses os mais sofisticados, disputando o mercado internacional com Itália, Suíça e Holanda. Entre os queijos brasileiros, o de Minas é o mais conhecido.

Cortes – Para obter uma fatia, obedeça o formato do queijo. Redondo, é cortado como uma torta, a partir do centro, retirando as fatias. Os queijos piramidais são cortados em blocos. De um triangular, tira-se uma fatia em toda sua extensão. Reza a tradição francesa que não se corta a ponta, o "nariz" do queijo, ela vai desaparecendo ao natural, mediante o corte na lateral da peça. A crosta macia como a do camembert e do brie é ingerida também, especialmente se for preparada com nozes e outras iguarias.

Na tábua – Tradicionalmente são cachos de uva que melhor enfeitam e acompanham a tábua de queijos. Costuma-se apresentar na tábua três qualidades de queijo, juntando suaves e picantes. Uma boa combinação é brie, saint paulin e roquefort, apresentados inteiros se tiverem até dez centímetros de diâmetro. Outro trio feliz: camembert, gorgonzola e de cabra. Existem pás e facas especiais para cortá-los, e cada qualidade de queijo deve ter a sua, para o sabor e o aroma não interferirem entre si.

Serviço – Ao servir o queijo em quadrados como aperitivo, é preciso um pratinho e um minigarfo para fisgar a porção. Outra maneira é colocar uma fatia sobre o pão. Queijos podem ser apresentados antes da sobremesa e até como a própria clássica sobremesa Romeu e Julieta, combinados com goiabada. O queijo como parte do cardápio de uma refeição é servido antes da sobremesa, em fatias que são partidas com o lado do garfo ou da colher, e não se repete.

Ver *vinho*

Quentinha

Num restaurante nos perguntamos, ao final de uma boa refeição, o que será feito do que sobrou das travessas. Algumas pessoas encabuladas ao pedir a sobra diziam ser para seu cão. Foi assim que surgiu nos Estados Unidos a expressão *doggie bags*. No Brasil elas se chamam "quentinhas", marca da primeira embalagem aluminizada lançada no país. Quando se convida pessoas não íntimas para jantar fora, é deselegante pedir quentinha. Fora dessas situações, pergunta-se ao garçom se a casa costuma fornecê-las. Em geral, sim.

Serviço – A forma da entrega diferencia o bom serviço. A embalagem ainda quente, na sacola, é dada para o cliente na porta de saída ou colocada dentro do seu carro no estacionamento do restaurante.

R

Realeza

Vivemos num país republicano, mas surgem ocasiões em que se pode ter contato com pessoas da realeza e descendentes da família imperial brasileira. O tratamento devido a príncipes e princesas é Sua Alteza ao endereçar uma correspondência; falando, se diz Alteza. Em geral eles pedem para ser tratados por senhor ou senhora, e chamados por Dom Fulano, Dona Fulana.

Recepção

É uma reunião de convidados em torno de um determinado motivo. Pode ser uma homenagem a alguém por iniciativa de uma ou mais pessoas. Recepção é também o espaço por onde os convidados chegam a um hotel (lobby), restaurante ou empresa, acolhidos por recepcionistas contratados.

Ver *cumprimentos, traje*

Redes sociais

São instrumentos que possibilitam o compartilhamento de informações entre pessoas ou organizações que partilham interesses, conhecimentos e valores através da internet, como comentários, fotos, vídeos e links. O Orkut, que não existe mais, foi o precursor das redes sociais. Atualmente, o Twitter, o Facebook, o Instagram e o WhatsApp estão entre as mais populares redes sociais utilizadas no Brasil.

Independente do instrumento em uso, a netiquete recomenda que comunicações privadas entre membros de um grupo sejam feitas em particular. Isto inclui também grupos de e-mail. A inserção de mensagens que não são do interesse de todos pode provocar a dispersão do grupo.

Ver *Facebook, Instagram, netiquete, Twitter, WhatsApp*

Relógio

Um palestrante olhar o relógio de pulso é compreensível sinal de controle da distribuição do seu tempo. Numa conversa entre poucas pessoas, pode revelar enfado e vontade de abreviar o encontro.

Ver *pontualidade, traje*

Reserva

Fazer com antecedência a reserva de passagens e ingressos para um espetáculo é o primeiro item de quem deseja bom lugar. Reservar mesa num restaurante é garantir também a boa acolhida. A internet é o meio mais confortável para fazê-lo. Ao chegar a um restaurante é dado o nome de quem fez a reserva. Tratando-se de datas de grande movimento, exige-se pontualidade máxima do cliente, que não pode reclamar se perder a reserva por ter chegado com meia hora de atraso.

Ver *pontualidade*

Restaurante

Por simples que seja, aguarda-se sempre que o proprietário ou um garçom indique a mesa, mesmo que todas estejam livres. É regra internacional. Quem forma um grupo para jantar fora faz papel de anfitrião, pagando o jantar ou liderando uma refeição participativa, cada um pagando sua despesa. O anfitrião, nos dois casos, chega mais cedo, aguardando os participantes no espaço de espera. Se isto não acontecer, os primeiros a chegar falarão ao maître sobre a reserva feita por Fulano de Tal.

Lugares – É deselegante, em torno de uma mesa, as mulheres sentadas todas juntas de um lado e os homens do outro, como se não houvesse possibilidade de assunto entre eles. Se o casal tiver uma convidada, as duas mulheres sentam-se lado a lado e ele sozinho, mas se o convidado for um homem, o casal ficará junto. Os lugares ao lado do corredor são destinados aos homens por cavalheirismo. Quando um casal vai ao restaurante, a mulher fica de frente para o salão, com a visão mais agradável. Caso o garçom não afaste a cadeira para ela se sentar, cabe ao companheiro fazê-lo.

Cardápio – Um convidado, sabendo que a despesa será paga pelo anfitrião, evita escolher os pratos mais caros. Há restaurantes de grande categoria que oferecem dois menus: sem o valor dos pratos para as mulheres, com o valor para os homens, uma atitude indiscutivelmente machista. Mesmo assim, ela sendo convidada não escolherá lagosta, por ser em geral um dos mais caros pratos. Melhor é perguntar o que ele vai comer. Num grupo grande, quem faz a reserva para o jantar escolhe um cardápio único ou com duas opções do prato principal (carne ou peixe).

Despesa – Quando deseja pagar o jantar do grupo – homem ou mulher – avisará antes ao maître, fora da mesa. Nas reuniões de caráter profissional, a despesa pode ser paga no dia seguinte na própria empresa anfitriã. Em almoços e jantares participativos, avisa-se ao convidar que a despesa correrá por conta do convidado. Pede-se que o garçom anote o nome de cada comensal e sua respectiva despesa. Assim todos fazem livremente suas escolhas. Outra forma é dividir a despesa pelo número de convidados, deduzindo o valor dos vinhos dos que não pediram a bebida.

Atitudes – Quando uma mulher deseja fazer um pedido ao garçom – mesmo que seja um copo d'água ou para substituir o guardanapo que caiu da mesa –, pede ao cavalheiro ao seu lado para que o faça. Sem intimidade, quando uma senhora levanta para ir ao toalete, o homem ao seu lado faz pequena menção de levantar-se, repetindo o mesmo gesto quando ela retorna. Não é recomendável que amigas se aproximem da mesa para conversar de pé, obrigando os homens a levantar, para não serem vistos como mal-educados.

Taxa extra – Antes de levar para o restaurante uma garrafa de vinho especial, deve-se telefonar para saber se é permitido ou apenas se o rótulo não consta na carta de vinhos da casa. Quando a proposta é aceita pela casa, é cobrada uma taxa extra pela "rolha". Na verdade, o serviço é cobrado para retirar a rolha e servir o vinho na temperatura e no cálice corretos.

Ver *cumprimentos, garçom, reserva*

Retribuição

É o reconhecimento de uma gentileza, bem como o pagamento de uma prestação de serviço. Quando se compareceu a uma festa, a retribuição pode ser feita meses mais tarde, convidando para um jantar ou uma recepção em casa. Nem sempre é possível retribuir uma gentileza no mesmo nível, cada um faz como pode.

Ver *convidados*

Rolha

A rolha de uma garrafa de vinho é retirada à vista do convidado ou do cliente, porque dela depende o vinho bem servido. Portugal detém quase metade da produção de rolhas distribuídas mundialmente, originárias da casca da árvore do Sobreiro, um carvalho corticeiro. Do modo de abrir uma garrafa de vinho e o tipo de saca-rolhas depende a preservação da rolha. Se for furada, deixará fragmentos no vinho, para constrangimento de um anfitrião.

Saca-rolhas – Há vários tipos. O mais simples tem a forma de T, mas conforme a firmeza da rolha exige esforço para retirá-la. Os saca-rolhas mais práticos são em espiral com alavanca. O "gosto de rolha" é transmitido por uma contaminação da cortiça utilizada na fabricação. Por isso é importante ver a rolha e cheirá-la antes de servir o vinho. Alguns experts em vinho colecionam as rolhas das garrafas abertas a sua vista em garrafões de vidro transparente, como decoração do bar doméstico.

Rolha especial – Existe à disposição no mercado mais sofisticado uma rolha de caninho fino de metal para ser fixada numa garrafa recém-aberta. A bebida é vertida no cálice pelo caninho. Fica tampada e é conservada por vários dias.

Ver *vinho*

Roupa

"A roupa tem alma", e também ela sofre com a falta de cuidados de manutenção, seu aspecto repercutindo sempre como desleixo. A roupa é uma peça de uso pessoal, sinônimo de traje, mas também de uso doméstico: roupa de cama, roupa de mesa.

Ver *estilo, traje*

Rua

A preocupação em zelar pela limpeza das vias urbanas deve ser iniciada na escola primária, simultaneamente com o exemplo dos pais. A rua é nossa, é de todos. Jogar lixo nas calçadas recomenda mal o cidadão. Olhar os sinais de trânsito, atravessar nas faixas de segurança para pedestres é um dever.

Precedências – O costume de homens bem-educados que caminham com uma mulher na calçada de deixá-la do lado de dentro é uma evolução da época das carruagens e das ruas sem calçamento. Um tempo em que um cavalheiro assumia este costume para proteger a companheira dos respingos de uma poça d'água ou de uma pedra que uma carruagem poderia soltar no meio da rua.

Indecisão – Ocorre frequentemente, numa passagem estreita, o cruzar de duas pessoas, sem saber por qual lado ultrapassar. É sempre pela esquerda, igual ao tráfego motorizado (exceto na Inglaterra).

Ver *cães, trânsito*

S

SALGADINHOS

Folheados, empadinhas e sanduíches são comidos com a mão e por isto em inglês se chamam *finger food* (comida com os dedos). Em geral vêm apresentados dentro de um pelotine (forminha de papel) logo descartado no pratinho, numa tigela ou bandeja à vista. Ao pegar o salgadinho, entreabre-se o pelotine para colocar o petisco na boca de uma só vez, quando é bem pequeno. Sem pelotine, pega-se com guardanapo descartável.

Ver *canapés*

SALTO

Andar altas horas da noite pelo apartamento calçando chinelos de saltinho pode perturbar os vizinhos, exceto quando se pisa no carpete. O andar de baixo funciona como caixa acústica do ruído, que se torna muito maior do que a mulher que o produz imagina. O espírito de boa vizinhança sugere tolerância, mas que o assunto seja comentado em reunião de condomínio.

Ver *sapato*

Sangria

Bebida refrescante de humilde origem espanhola, a sangria chegou aos salões palacianos. Semelhante ao clericot, difere pela cor rubra do vinho tinto com o qual é preparada.

Ver *clericot, ponche*

Sapato

Bem escolhido, este complemento do traje é fundamental para a elegância. Dele depende nossa postura e a boa disposição, pois quando os pés doem não é possível enfrentar o dia a dia com bom humor. Recomenda-se, antes de estrear um sapato de salto alto, andar com ele para desgastar um pouco a sola e evitar escorregões.

> **Prova** – Ao experimentar sapato fechado e tênis, é conveniente que se esteja com a meia adequada. Quando se deseja adquirir um modelo para ser mais realçado pelo colorido de uma produção de traje, harmonizado de acordo com a estamparia e a cor do vestido, leva-se uma amostrinha do tecido para na hora de estrear a roupa não receber a surpresa de ter errado na avaliação do tom do acessório.

Save the date

Pedido de reserva da data, é feito por correspondência postal ou e-mail, enviado com três meses de antecedência ao evento ou até mais, quando o convidado reside em outro país. O convite é entregue três semanas antes. Ainda há o For Memory, o lembrete feito uma semana antes da festa. O cartão ou a mensagem em e-mail é encabeçado por For Memory.

Ver *convite*

Secretária(o)

Um bom assessor propicia maior aproveitamento do tempo do seu gestor para que ele cumpra todos os seus compromissos. Quando uma secretária é admitida em uma empresa, ela se informa para quantas pessoas prestará serviços e se incluirá família.

Competência – Ética e discrição são básicos para a secretária em relação aos assuntos da empresa e da vida particular do chefe. A secretária reflete a imagem do chefe, então, além de competente, ela deve ser de trato agradável com os colegas, incluindo porteiros e telefonistas que lhe simplificam a vida no trabalho, facilitando contatos. Manter o visual adequado ao local de trabalho faz parte de uma eficiente postura profissional. Grandes decotes, saias curtíssimas e modismos cabem para empresas ligadas à moda. A secretária, como ponta de lança na comunicação do seu chefe, preocupa-se em dar bom exemplo com sua aparência e educação.

Ver *agenda, chefe, telefone, tratamento*

Selfie

Muito em voga, se refere a fotos tiradas pelo celular nas quais o fotógrafo está incluído.

Ver *celular*

Serviço

Os donos da casa que não dispõem de copeiros assumem uma etiqueta adaptada à situação, contando com o apoio dos convidados. Os pratos usados não são empilhados ao serem retirados da mesa para a cozinha. No cardápio, nada de frituras para o jantar.

Tipos de serviços – Quando as pessoas forem convidadas a sentar à mesa, a água já estará nos copos, e a entrada fria na saladeira ou no prato de cada comensal. O dono da casa ou quem a anfitriã incumbir para ajudá-la se encarrega das bebidas. A anfitriã senta-se à cabeceira, facilitando as idas e vindas à cozinha. Uma mesinha auxiliar a seu lado, mais baixa do que o tampo da mesa, facilita o serviço. O número de pessoas em torno de uma mesa será no máximo doze. A anfitriã fica sentada ao servir, seguindo a direção dos ponteiros do relógio. Cada um dos convidados lhe passa o prato vazio para ela servir. Mais prático é o self-service, as travessas sobre um balcão, onde cada um se serve.

À francesa – O garçom ou a copeira apresentam a travessa pelo lado esquerdo do comensal para ele próprio se servir. O empregado coloca a travessa sobre sua mão esquerda, protegida por guardanapo dobrado, inclina-se ligeiramente, mantendo esse prato no nível da mesa, e o convidado pega os talheres na travessa com as duas mãos. Outra maneira é o garçom servir o convidado, segurando a colher e o garfo na mão direita, usando os dois talheres grandes como alicate. Concluída a refeição, o prato individual é retirado pela direita do convidado.

Empratados – A comida já vem servida da cozinha nos pratos que são colocados na mesa pela esquerda do comensal.

Bebidas – São servidas pelo lado direito, inclusive a sopa em taças. Mas quando vem na sopeira com a concha é pelo lado esquerdo, por ser mais fácil. O mesmo vale para os molhos na molheira.

Ordem de servir – Os lugares de honra ficam à direita e à esquerda do anfitrião e da anfitriã. Quando eles estão no centro da mesa, frente a frente, as cabeceiras podem ser ocupadas por convidados que também se deseja destacar. Numa mesa de doze lugares, o serviço começa pela convidada de honra à direita do anfitrião, continua até a anfitriã e segue para terminar no anfitrião. Outra maneira é servir primeiro todas as mulheres, depois os homens, terminando no anfitrião. Calcula-se que numa ocasião mais formal um garçom atenda dez pessoas, sendo mais rápido partilhar o serviço de uma mesa grande com outro colega.

Fora da mesa – No living, a primeira pessoa a ser servida é a homenageada ou quem se deseja destacar: uma senhora de mais idade ou aquela que foi convidada pela primeira vez. Um senhor mais idoso tem precedência sobre uma mulher jovem.

Ver *bufê, cardápio, colher, convidados, garçom, mesa, prato, velas*

Siglas

Das iniciais de palavras que resumem um pedido em convites e na correspondência em geral, surgem as siglas.

P.E.O. – Escrita no envelope de um cartão que acompanha uma encomenda. Abaixo do nome do destinatário com endereço e cidade, é escrito *P.E.O. de Fulano de Tal*, o portador do pacote. Significa *por especial obséquio*, sendo sempre usada.

P.S. – A sigla deriva-se do latim *post-scriptum*, pós-escrito. É uma informação que havia sido esquecida e é colocada após a assinatura como adendo.

R.S.V.P. – Iniciais da expressão em francês "répondez s'il vous plaît" (responda, por favor). É impressa em convites, acima do nome da pessoa e com um telefone para confirmar presença. Em Portugal a sigla é R.S.F.F. (responda se faz favor).

Ver *convites, correspondência*

Sinagoga

Ver *casamento*

Sobremesa

Retirados da mesa os pratos das comidas salgadas, serve-se a sobremesa nos pratinhos. Sorvetes e cremes são servidos em taças e tigelinhas sobre pratinhos de sobremesa. Não se coloca na mesma mesa de bufê sobremesas e pratos salgados, devido também à interferência de odores.

Quando há frutas em calda como guarnição de sorvetes e cremes, estas sobremesas são servidas com colher e garfinho, este na mão esquerda e a colher na direita, também para partir a fruta.

Ver *vinhos*

Solidéu

É um pequeno barrete – a *kipah* – em forma de calota, igual ao usado na cabeça dos bispos e do papa. Os judeus usam-no na sinagoga, e os ortodoxos mais rigorosos em seu dia a dia.

Ver *bar-mitzvah, casamento*

Sopa

Ao tomar sopa no prato fundo, move-se a colher no meio do prato em direção à borda externa superior para levá-la à boca: se a sopa pingar, será no prato, e não na toalha ou na roupa.

Consomê – As taças de consomê com duas alças são apresentadas sempre com seu pires. Toma-se a sopa com a colher. Ao final se segura as duas alças e leva-se a taça à boca, sem inclinar a cabeça para trás. No final deixa-se a colher no pires.

Canecas – Quando não há prato fundo e taças de consomê, num serviço informal pode-se servir sopa em xícaras de chá com pires, em tigelas e em canecas, estas sem colher e com um guardanapo descartável. A sopa é servida até um dedo abaixo da borda desses utensílios.

Ver *cardápio, colher, prato, serviço, taça*

SORBET

Trata-se de um tira-gosto entre o prato salgado e a sobremesa. O sorbet é um sorvete preparado com suco de fruta cítrica, servido num pequeno cálice tipo de vermute (200ml) e colherzinha. A dose de sorbet é de uma colher rasa, das de sopa, ou duas bolinhas modeladas em forma para gelo (dois centímetros de diâmetro). O pequeno cálice vai à mesa em cima de um pires de cafezinho.

Ver *tira-gosto*

SOUSPLAT

O termo francês significa "sob o prato", um prato maior que o de serviço, colocado no lugar do conviva, evitando espaço vazio na mesa entre um e outro prato servido. Jamais pode ser usado para comida. Um *sousplat* é de metal, de porcelana, de palha ou de madeira. À chegada da sobremesa, pode ser retirado.

Sushi

O sushi é uma comida clássica no Japão, surgido na classe dos trabalhadores e difundido no Ocidente após a Segunda Guerra (1939-1945). Sushi na cozinha japonesa é um alimento em pequenas porções preparados com arroz enformado à mão, unido a peixe cru ou cozido, legumes e frutos do mar. Podem ser envoltos em alga, fritos ou crus. O sushi enformado à mão é chamado no Japão de *Edo-maesushi*, sendo a primeira palavra o antigo nome da cidade de Tóquio. O profissional especializado no preparo de sushi é denominado sushiman.

Ver *comida japonesa, hashi*

T

Taça

Ver *copos*

Talheres

Manusear os talheres com boas maneiras é importante para a imagem pessoal. Nos cursos de treinamento de executivos nas grandes empresas, é um dos itens abordados. Quem não aprendeu em casa sempre terá chance de se informar e treinar. Uma das fontes são os livros de etiqueta.

Para cortar a carne se pega a faca com o polegar e indicador no cabo, os três outros dedos dobrados e apoiados na palma da mão. O garfo fica seguro com a mão esquerda, porém jamais pelo cabo posicionado na vertical, apoiando-se no prato. Dos canhotos aceita-se a posição inversa dos talheres.

Ao encerrar a refeição, os talheres são colocados lado a lado sobre o prato, a faca com o fio para dentro e o garfo à sua esquerda.

Ver *colher, faca, garfo, hashi, peixe, queijo, sopa*

Tapas

A palavra "tapa" em espanhol significa tampa e refere-se aos pratinhos ou fatias de pão e de queijo que os taverneiros colocavam sobre o copo de vinho para protegê-lo dos insetos. Aquelas tapas de comidas a serem servidas nas tavernas espanholas, sob influência árabe, decorreram de um decreto do rei Afonso X, o Sábio, em tempos medievais. Por sentir-se mal, bebendo vinho de estômago vazio, o soberano ordenou que todas as tavernas de Espanha servissem petiscos antes da comida.

Estilo – As tapas não são uma comida típica, mas um estilo de cardápio formado por pequenas porções – uma prova de pratos – para serem saboreadas devagarinho, acompanhadas de vinho. Croquetes, espetinhos e canapés são alguns dos petiscos para aperitivo e happy hour, mas que também compõem um cardápio completo com seis tapas diferentes.

Serviço – A difusão das tapas no mundo ocidental motivou as indústrias a criarem tigelinhas e minipratos para propiciar a arte do "tapeo", deixando rolar a conversa numa roda de amigos.

Táxi

~ Ver *automóvel*

Teatro

Seguindo o exemplo dos grandes centros culturais do mundo, muitos teatros no Brasil proíbem a entrada de retardatários depois de iniciado o espetáculo. A medida partiu dos próprios artistas, que se desconcentram com movimento e ruídos na plateia, que também perturbam os espectadores.

Perturbações – Em meio ao silêncio do público, o som de mexer na embalagem de balas é amplificado e também tem efeito perturbador. Quanto à visão do palco, namorados com as cabeças unidas prejudicam quem está sentado atrás deles. Isto vale para cinema.

Ver *celular*

Telefone fixo

Antes das nove horas da manhã e depois das dez da noite não se telefona para pessoas das quais se desconhecem os hábitos. Só em casos excepcionais. Dar uma notícia triste e impactante para quem não pode ajudar nas providências cabíveis à situação não se faz de madrugada. E no mundo dos negócios é melhor evitar as sextas e os sábados para telefonar, o ideal é nos domingos à noite.

Atendimento – O modo de atender uma chamada telefônica revela o nível de educação de uma família, e pode repercutir mal a imagem de uma empresa. Ao atender se diz "alô", e a pergunta "de onde fala" é feita pela pessoa que chamou. O número do telefone é dito com clareza, e antes de passar para a pessoa procurada se pergunta quem deseja falar. Não se trata com intimidade a pessoa do outro lado da linha sem sua identificação. Pode ser um idoso ou uma autoridade pública que jamais se trataria assim frente a frente. Um médico ao se identificar ao telefone, em função profissional, dirá "aqui quem fala é o Doutor Fulano". Após se identificar, ao fazer uma chamada telefônica para uma pessoa conhecida, sempre se pergunta: "Pode falar agora?".

Recado – Se a pessoa solicitada não está em casa, quem atendeu pergunta como pode ajudar. É uma forma de receber um recado. Donos de casa organizados têm junto ao telefone um bloquinho com lápis para anotar número de telefone e o nome de quem chamou com um breve recado. Se a pessoa procurada não pode atender, em vez de deixar recado de um convite pede-se para avisar que Fulana de Tal telefonou para fazer um convite e vai retornar.

Silêncio – Numa conversa telefônica, quando o interlocutor está contando um fato, de vez em quando se interrompe com alguma pergunta ou exclamação. Não é a mesma coisa que conversar frente a frente, quando se mensura a atenção pela expressão do olhar de quem ouve.

Ver *celular, tratamento*

Terno

Conjunto do traje masculino composto de paletó e calças do mesmo tecido. Também se diz para o traje feminino de duas peças, paletó com saia ou calça, usado em uniformes.

Tigela

É uma influência japonesa na mesa ocidental, incorporando-se às porcelanas, tanto para sopa e saladas quanto na apresentação de molhos e complementos de um cardápio. Tigelas individuais são utilizadas também para risotos e comidas sem necessidade de faca. Elas são multiuso. À mesa precisam do pratinho de sobremesa embaixo, num jantar americano com as pessoas comendo sentadas ou até de pé numa sala dispensam o pratinho. Este tipo de recipiente é muito prático para residências com poucas pessoas.

Ver *mesa*

Tira-gosto

É sinônimo da expressão "limpar o paladar" para uma nova degustação. A água é um tira-gosto entre o prato principal e a sobremesa. Nas degustações de vinhos, ela é intercalada com nacos de miolo de pão entre um e outro tipo da bebida.

☙ Ver *sorbet*

Toalha

As mesas de refeições passaram a ser cobertas a partir dos primeiros séculos da Era Cristã, mas foi na Idade Média que as toalhas tiveram seu destaque, sempre brancas em cambraia bordada nos conventos. Desde 1850 tecidos de algodão passaram a ser usados nas toalhas. Uma toalha normal tem 20 centímetros de tecido pendente dos lados. Uma mesa de honra, a parte frontal sem cadeiras, tem toalha exposta até o chão.

A cor na mesa – Só no início do século XX a cor, em variados matizes e padrões, entrou na roupa de mesa mais refinada. Assim como se joga com cores, estamparia, trama e complementos na produção de um traje, o mesmo se faz ao vestir uma mesa com toalha, guardanapos, porcelanas, talheres, vidros e flores.

Forro – Há necessidade de um forro branco no tampo da mesa, geralmente em feltro, para a toalha não transparente cair bem. A decoração do ambiente influi nessa composição. Mesas de vidro ou de mármore dispensam toalha; sousplats e guardanapos de tecido colaboram para sua boa apresentação e aconchego.

Cores – Porcelanas lisas, coloridas e brancas se harmonizam com toalhas estampadas. Ambientes rústicos pedem toalhas de tecido liso e guardanapos estampados, ou vice-versa. Numa toalha xadrez rústica não se colocam rosas vermelhas, mas sim anêmonas, cravos e flores do campo ou só folhagens num mix de verdes.

Sobretoalha – Numa mesa redonda ou retangular, a toalha menor protege a maior, cobrindo o centro. Em francês é chamada *naperon.*

Ver *banheiro, guardanapos, mesa, monograma, sousplat*

Traje

É difícil produzir um traje quando a moda é muito liberal e uma peça antiga pode ser harmonizada com uma minissaia; um vestido bordado de brilhos, com botas. Daí a ênfase da mulher em conquistar um estilo próprio, de acordo com físico, idade e tipo de vida. Antes de se vestir para sair ela precisa saber aonde vai, horário, motivo e temperatura ambiental. Existe um código de roupa para cada ocasião, solicitado nos convites impressos e ou virtuais, difundido como *dress code.* A leitura do tipo de traje pode causar dúvidas, especialmente quando tantas expressões fantasiosas têm surgido. Para entender códigos tão variados, em geral através de palavras em inglês, é preciso fazer a tradução. Depois, prestar atenção ao motivo da festa, horário, local, estação do ano.

Novos códigos – Hoje em dia, a escolha do termo que define o traje é de quem convida. Na dúvida de como interpretá-lo, pergunta-se aos donos da festa como desejam ver seus convidados.

Business attire – Consultando um dicionário inglês-português, lê-se que as duas palavras, indicadas num convite, significam respectivamente negócios e traje. É um código de vestuário para trabalho, um pouco menos formal que o clássico executivo, para ser usado em eventos a partir das 19h, que podem incluir jantar. Pressupõe que se sai do trabalho para o evento de caráter corporativo. O traje inclui blazer e gravata, mas em locais mais descontraídos, no verão, é sem gravata e paletó. Recomenda-se camiseta lisa ou camisa de manga comprida lisa ou listada e tênis social, sem o solado grosso para práticas esportivas. Para mulheres, o traje é passeio.

Balada chique – Este foi um dos primeiros nomes fantasiosos usados em festas, e pressupõe boate. Pede traje descontraído e charmoso para dançar, homens sem gravata, e sem paletó no verão.

Lounge – É quase a mesma coisa do termo anterior. Na tradução, significa sala de estar, com alguns recantos de estofados confortáveis, em meio a um grande espaço, para circular e dançar.

Beach gorgeous – Um traje longo e bem decotado para elas, bermudas e camisas leves de manga curta para eles. Sandálias confortáveis.

Luxury beach – É um luxo de traje para um encontro festivo entre amigos na praia, em final de tarde, com direito ao show do pôr do sol. Os homens vestem calças claras ou bermuda com camisa de manga longa arregaçada até acima do cotovelo, punho aberto dobrado como arremate. As mulheres escolhem sofisticados macacões de jérsei ou vestidos longos, longuetes e curtos com decotes. Se for um casamento à beira-mar, os homens usam terno claro e gravata, as mulheres, longos e curtos decotados.

Golden – Um toque dourado forte no traje.

Red touch – Um detalhe vermelho.

ESPORTE – Para ocasiões que envolvem lazer, reuniões ao ar livre e churrascos.

Homem – Camisa sem gravata, camiseta, malhas, couro. Calça jeans. Pode ser sem blazer. Calçado top-sider, mocassim, tênis mais sofisticado, meias. Bermudas se a temperatura estiver alta. Jamais chinelo de dedo.

Mulher – Calças compridas, short, jeans, saia, vestido longo de alcinha, jaqueta, malha, camisa. Tênis sofisticado, sandália. Mochilinha, bolsa. Não é roupa de praia.

ESPORTE COMPLETO – Para almoços em ambientes descontraídos, inclusive de empresas. É um esporte mais formal.

Homem – Blazer ou jaqueta. Camisa sem gravata. Jeans. Sapato esporte.

Mulher – Terninho, minissaia, camisa, camiseta, blazer. Vestido. Sandália de salto alto, tênis sofisticado. Bolsa em couro ou tecido rústico.

PASSEIO – ESPORTE FINO – TENUE DE VILLE (URBANO) – Para reuniões em café da manhã, almoços, sessões não solenes na Câmara de Vereadores, Assembleia Legislativa e Senado. Vernissages, teatro e coquetéis de empresas.

Homem – Blazer ou paletó diferente da calça. Camisa branca lisa, colorida ou em listras e xadrezinho miúdo, com gravata. Sapatos e meias escuras.

Mulher – Terno com saia, short ou calça comprida. Spencer. Camisa, camiseta lisa estilo Armani. Sapato ou sandália de salto. Bolsa ou carteira pequena.

Passeio completo – recepção – Para jantares, aniversários, estreias teatrais e grandes comemorações. Sua interpretação pode ser mais ou menos formal, dependendo do local e o motivo da festa.

Homem – Terno escuro. Camisa branca. Colete opcional. Gravatas mais elaboradas. Meias e sapatos pretos. Fraque e meio-fraque para casamentos.

Mulher – Veste-se com tecidos nobres como cetim, tafetá, veludo e renda. Complementos – joias, bijuterias, sapato e bolsa – mais sofisticados, bordados ou em tecido, promovem um vestido liso ou o "pretinho básico" a um traje mais formal.

A rigor – black tie – gala – Para bailes e banquetes de gala, recepções governamentais. Nos Estados Unidos e na Europa, pode constar no convite a palavra "gala" definindo uma ocasião especial realizada até pela manhã.

Homem – Smoking, camisa branca, gravata borboleta preta ou colorida na cor da faixa de cetim no lugar de cinto. Gravata preta opcional no modelo que chega à cintura.

Mulher – Crepes e tecidos nobres, transparências, bordados e rendas rebordadas com brilhos. Sapatos em pelica, no mesmo tecido do vestido ou couro metalizado (se estiver em moda). Joias importantes, penteados mais elaborados. Bolsinha.

Noiva – Foi a partir do casamento da Rainha Victoria, em 1840, que se generalizou o branco no traje da noiva, um clássico com detalhes de moda atual. Para o conforto da noiva pode ser sobreposta no vestido curto uma saia longa com cauda, fixada na cintura por uma faixa. Esta saia é retirada após a entrada no salão de festa com o desatar da faixa. A estação fria influi no uso de vestidos de crepes de lã e veludo, e nas peles detalhando os punhos ou o decote. Boleros e casaquinhos sobre vestidos sem alça são retirados na festa. Há noivas que usam o vestido de casamento da mãe, com adaptações atuais. As mais sofisticadas chegam a se vestir de vermelho, como as noivas da Renascença.

Só no civil – O traje de noiva adequado à pompa de um casamento na igreja pode se harmonizar com o casamento realizado durante uma festa numa grande residência ou num clube. Geralmente as menos jovens optam por véu despojado ou arranjo de flores na cabeça.

Casal homoafetivo – Elas se vestem de branco, algumas de véu e grinalda, mas sempre com buquê. O traje branco fica de acordo com o estilo de cada uma, mais romântico ou mais sóbrio.

Véu e grinalda – Tanto um quanto outra podem ser peças que atravessaram gerações de noivas de uma família. Um véu de renda antiga será montado sobre tule. Véu e grinalda retirados durante a festa exigem a presença de um cabeleireiro. A grinalda de muguet artificial pode ser substituída por uma flor no cabelo, um laço com fitas partindo dele com efeito de véu ou uma tiara de metal e brilhos.

Buquê – A versão do muguet é o “mosquitinho”, na forma de um grande ramo com uma fita colorida, combinando com o sapato. Para contrastar com o branco há buquês de flores naturais coloridas ou de rosas vermelhas. Quando a noiva opta por um modelo de renda rebordada na frente levará um missal revestido de tecido liso. A noiva de costas para um grupo de amigas que joga seu buquê para uma delas apanhar é uma tradição. Também homens solteiros participam no século XXI entre as casadoiras.

Sapatos – A primeira prova do vestido deve ser feita com o sapato, para marcar o comprimento, e deve liberar a ponta do sapato para a noiva não tropeçar. Do sapato depende sua postura e conforto. A escolha está subordinada também ao local da festa. Se a recepção tiver um cenário de gramados, melhor evitar o salto agulha e preferir sapatos de pelica. Barra de vestido muito bordada pede sapato liso. Sapato fechado exige meia no tom da pele e, no verão, sandálias com as unhas com esmalte perolado.

Luvas – Noivas com vestidos de manga longa não usam luvas. Vestidos de mangas curtinhas ou de alças podem ser complementados por luvas acima do cotovelo. Há noivas que preferem luvas transparentes curtas até o pulso, num estilo mais leve. Ao chegar ao altar ela retira as luvas, vira a mão com a palma para cima à altura do rosto, franzindo o cano até o pulso. Tira a luva a partir do dedo mínimo, um a um, e puxa à altura do pulso. Durante o ato religioso, deixa as luvas sobre o genuflexório ou as entrega para a madrinha ao seu lado. No final, como personagem central da cerimônia, ela calça as luvas e recebe os cumprimentos.

Noivo — Ele acompanha o estilo mais ou menos formal do traje da noiva. A maioria segue a tradição do terno escuro. Não se usa smoking (traje de gala), ainda que até as primeiras décadas do século XX os noivos o usassem. Noivos jovens gostam de terno convencional de veludo preto ou grafite, no inverno. O sapato fechado, sem cordões, é na cor da calça, e as meias idem. Num estilo informal, eles vestem terno todo branco; outros preferem camisas de mangas longas, sem gravata e paletó, principalmente para festas campestres ou na praia.

Protocolo – Nos cerimoniais mais rígidos o noivo pode vestir fraque, mesmo de manhã. O traje é formado de paletó assemelhado à casaca, cor grafite, laterais arredondadas na frente e nas costas dividida. A calça é de listras finas, cinza e grafite escuro. Colete e camisa brancos, com colarinho de pontinha virada e o plastrom de cetim quase branco, substituto da gravata. Também vale para o fraque uma camisa social branca, de punho duplo para abotoaduras. O colete branco compõe o fraque do noivo, cinza para os pais e padrinhos. O meio-fraque ou curto é o preferido, mantendo a calça listrada. O paletó é preto ou grafite, de botão único. O noivo pode optar também por jaquetão, isto é, paletó escuro transpassado, com quatro botões e calça listada. Camisa branca e gravata prateada.

Casal homoafetivo – Em geral usam terno escuro e gravata, ambos com a flor na lapela do paletó. Também usam terno todo branco ou uma roupa mais descontraída, como um caftã nos casamentos ao ar livre. As saudações dos amigos à hora do bolo e os seus agradecimentos são bem recebidos, como em todo tipo de união estável.

Flor na lapela – Há nos trajes para recepção e em alguns ternos escuros uma casa ao alto da lapela esquerda do paletó: é a botoeira (nela também são fixadas condecorações). Esta florzinha em francês chama-se *oeillet à la boutonnière*. O momento da equipe do cerimonial colocá-la nas lapelas é quando os membros do cortejo estão à entrada da igreja, aguardando a noiva. O noivo usa cravo branco e seu pai e os padrinhos, cravos vermelhos. O pai da noiva já sai de casa com o seu. Se não houver botoeira no paletó, um alfinete fixa a florzinha na lapela, por trás, depois de serem retiradas as folhas do caule.

Aias e damas de honra – Crianças e adolescentes são aias e pajens, que precedem a noiva ao entrar na igreja e à saída. Damas de honra são moças com a mesma função num cortejo, os trajes guardando harmonia com o estilo da noiva, porém coloridos, para realçá-la. Crianças vestidas de tafetá, veludo preto ou bordô, com detalhes de renda e cetim, também dão realce à noiva. Se as crianças estão de branco, terão um detalhe colorido, repetido na gravata dos meninos. As damas usarão vestidos iguais, numa cor suave (rosa, verde-claro, lilás).

Pais, madrinhas e padrinhos – É a mãe da noiva quem primeiro escolhe a cor do seu vestido, depois a mãe do noivo. Elas podem estar de longo, mesmo que as madrinhas usem vestido curto. Os pais acompanham o traje solene do noivo; só ele, porém, usa colete branco. Mas se este vestir terno mais informal, como o blazer, optam pelo traje exigido no convite. Há casamentos em que a noiva combina as cores dos trajes das madrinhas. Fundamental é que todas as madrinhas estejam com o mesmo comprimento de saia. Para o total destaque da noiva que está de branco, madrinhas e convidadas não se vestem de branco.

Também a cor preta não cabe ser usada por mães de noivos e madrinhas. Padrinhos seguem o mesmo estilo de roupa: terno escuro, fraque ou meio fraque.

Ver *bermuda, bolsa, casamento, chapéu, cinto, compras, convites, costureiro, gravata, sapato*

Trânsito

A palavra significa livre acesso, livre passagem. "Mário tem livre trânsito na casa dos Vargas", numa metáfora do seu uso habitual para movimento urbano de viaturas e pedestres. O relacionamento das pessoas no trânsito é uma prática das boas maneiras, na medida em que são obedecidas regras de convívio urbano, pautadas pelo princípio de não fazer aos outros o que não quer que façam a você.

Cordialidade – Gestos e sinais são importantes na prática da cortesia: um pedido para entrar com o carro numa fila de trânsito sinalizando com o dedo polegar em riste, baixando o vidro da janela, é atendido por motoristas bem-educados. Quando acontece, se agradece com o mesmo gesto diante do espelho retrovisor. Um diálogo gestual de boa educação. Se alguém na direção de outro veículo cometeu uma grosseria, não adianta dizer palavrões e perturbar mais ainda o trânsito.

Buzina – É usada só em último caso e não como frequentemente se presencia para ultrapassar, sem perceber que o carro à frente aguarda, num cruzamento sem sinaleira, que outros atravessem na direção contrária. Usar a buzina em dois toques suaves é como falar de modo gentil. Buzinar com força soa como xingamento.

Acidente – Nos casos de pequenos acidentes com danos apenas materiais, quem o causou desce do carro e em vez de discutir pede desculpas, não levando em consideração a irritação do outro motorista diante de sua falta de atenção. O causador do problema diz que vai se responsabilizar pelo conserto, identifica-se e dá seu telefone. Melhor ainda se tiver cartão de visita.

Ver *automóvel*

TRATAMENTO

Na dúvida de como tratar alguém mais importante, mais velho ou cliente, é preferível dar-lhe senhoria a correr o risco de ser desrespeitoso. Cabe a eles dispensar a formalidade. Há idosos que preferem ser tratados por "você"; outros não dispensam o "senhor". Na dúvida, usa-se o verbo na terceira pessoa do singular: *"Acha que poderá comparecer à reunião?"*. Tratar uma pessoa por "querida", só com intimidade. Médicos e enfermeiros devem nomear os idosos e as parturientes e não tratá-los por "vovó", "vovô", ou dizer "mãezinha" a uma parturiente. É esse tratamento impessoal que dificulta a relação.

Apresentações – Um homem apresenta sua esposa como "minha mulher, Fulana", ela dirá "Meu marido, Fulano". Ou, como nas uniões estáveis, "conhece Fulano?". Ao falar a um conhecido sobre a mulher dele, se dirá "...falei com sua esposa". "Minha namorada, Fulana" ou "Meu namorado, Fulano" é uma forma bastante usada.

Mulher – Elas são briosas de sua individualidade, por isso quando a gente sabe seu nome, o casal será apresentado "Fulano de Tal, sua esposa Beltrana de Tal". A expressão Dona exige o prenome: Dona Luiza ou Dona Luiza Mendes. Uma mulher quando fala ao telefone não se autotitula: "Aqui quem fala é Dona Luiza". Dirá só o nome.

Protocolar – Este tipo de tratamento vem sendo simplificado. Ao conversar com altas autoridades, em vez de Vossa Excelência ou Excelência elas são tratadas por senhor ou senhora.

Por escrito – Ao sobrescritar o envelope de uma correspondência, usa-se a titulação profissional como forte componente da identidade do destinatário. *Ao Senhor/Dr. Eusebio Nunes/ Rua Mendes Ribeiro, 315/ ap. 83/ Bairro Petrópolis/ Cep: 90470-001/ Porto Alegre.* Numa correspondência menos formal usa-se apenas *Sr.*

É na esfera oficial o maior rigor no tratamento usado na correspondência. Além do presidente da República, governadores e seus vices, ministros de Estado, oficiais-generais das Forças Armadas, senadores e deputados, prefeitos municipais, embaixadores e juízes federais são tratados por Sua Excelência. *A Sua Excelência o Senhor/ Dr. Fulano de Tal/ Governador do Estado do.../Palácio...*

O envelope de uma correspondência ao casal é endereçado assim: *A Suas Excelências o Senhor/ Ministro de Estado do Interior e a/ Senhora Fulano de Tal/ Esplanada dos Ministérios/Brasília – D.F.*

Trato profissional – Médicos e advogados são tratados por Doutor; militares pelo seu posto atual (coronel, general).

Ver *apresentações, correspondência, hospital, nome*

Twitter

Os usuários desta rede social escrevem mensagens de até 140 caracteres, os chamados "tweets", para serem compartilhadas. Evitam-se assuntos prosaicos, como "estou agora no dentista, louca de medo", pois este é um tipo de comentário que só tem interesse para os bem íntimos. Jamais se fala negativamente do trabalho de um colega, do chefe ou gerente de um grupo. De um modo geral, observações maliciosas e agressivas sobre outras pessoas pegam mal e ainda podem trazer problemas. Há casos de celebridades envolvidas em discussões via Twitter que vão parar em manchetes da mídia impressa.

Ver *redes sociais*

U

Uísque

Originário da Escócia, o *whiskey* criado pelos antigos celtas, que lhe deram o nome de "água da vida", é uma aguardente feita com grãos de cevada, centeio, malte e milho, com teor alcoólico que chega a 72%. Também se chama *scotch,* sinônimo de uísque escocês. A vizinha Irlanda é produtora de uísque, do *irish whiskey,* que faz uma deliciosa combinação com o café e também entra no preparo de um excelente licor.

Copos – Um uísque *on the rocks* – com cubos de gelo – é servido em um copo de vidro encorpado, pouco mais baixo que o de água, ou num longo. Há pessoas que o apreciam puro, sem gelo.

Unhas

O cuidado com as unhas faz parte da aparência da mulher e do homem. É higiene. As unhas muito longas e pintadas de cor viva não combinam com a vida profissional. Muitas infecções são transmitidas pelo alicate de cutícula. Presta-se atenção se alicates e estiletes são retirados de um envelope lacrado, o sinal de que passaram por esterilização em autoclave.

Esmalte – Noivas e debutantes com traje de gala usam esmalte incolor ou cintilante. Profissionais de culinária, por higiene, não usam esmalte. Mãos enrugadas e manchadas ficam mais destacadas se as unhas forem pintadas de vermelho vivo. Ao usar esmalte vermelho o tom deve se harmonizar com o traje ou com um detalhe de sua produção como, por exemplo, uma bijuteria cor de morango.

Uniforme

Existe no uniforme um fator democrático forte. Uma funcionária com situação financeira alta uniformizada não se destacará das companheiras de trabalho. Outra vantagem é poupar a roupa pessoal. Para criar um uniforme o estilista estagia em departamentos de uma empresa e, de acordo com a realidade funcional, realiza o projeto. Na linha *workfashion* os tecidos e o corte devem ter qualidade, o que garante sua durabilidade e confere status a uma empresa.

Uso diário – A roupa como extensão do corpo é um invólucro que enruga e gasta de acordo com a anatomia, os movimentos e os gestos. Sinais de desleixo são mais notados em um uniforme do que na roupa pessoal: há possibilidade de comparação. Entre as mulheres há tendência de personalizar o uniforme através de complementos. Brincos pingentes, flores na cabeça, pulseiras que fazem barulho e perfumes são alguns detalhes que não se harmonizam com uniforme. Joias discretas em ouro e prata, laço preto

Chanel fixando o rabo de cavalo ou um coque, passadores de tartaruga e tiaras estreitas no tom do cabelo são adequados.

Urbano

Ver *traje*

V

Vela

São acesas à noite, na mesa de refeições e como elemento decorativo para dar aconchego a um ambiente. Ao sentar à mesa as velas já estão acesas. Há velas aromatizadas, mas se evitam perfumes fortes que, além de causarem dor de cabeça, interferem no sabor das comidas. Em países de rigoroso inverno, com luz artificial nos interiores, as velas são acesas mesmo durante o dia.

Ver *mesa*

Velório

Não se usa mais luto, mas familiares da pessoa falecida vestem traje escuro no velório, e as demais pessoas evitam gravatas e blusas vermelhas, vestidos de estamparia gritante, maquiagem exagerada, barriga de fora e perfumes fortes. Se a relação foi exclusivamente com o falecido, deve-se apresentar a um amigo da família e pedir que nos conduza aos mais íntimos. Se os familiares diretos estiverem muito abalados, melhor só assinar no livro de presença e em letra legível.

Pêsames – Usam-se as expressões: meus sentimentos, sinto muito, tenho muita pena do que aconteceu, e uma frase que demonstre afeto e admiração pelo falecido. Mas é um sentido abraço que às vezes pode dizer mais que palavras. Na despedida, as famílias pedem para ficar a sós junto ao caixão. O enterro e a cerimônia de cremação são acompanhados por todos. Por fim, pode-se cumprimentar novamente um dos membros mais chegados da família enlutada, sem repetir as expressões de pesar.

Ver *luto*

Vernissage

Abertura, inauguração de uma exposição de artes plásticas, em geral realizada a partir das 19h. Pode ocorrer também aos sábados pela manhã. Os convidados não se postam de costas para uma obra de arte, num grupo de conversa, cuidando para não ultrapassar o limite da faixa pintada no piso da galeria.

Ver *exposição*

Véu

A Igreja Católica instituiu o costume do uso do véu branco para solteiras, preto para as casadas e idosas ao tomar comunhão. Diante do papa, numa recepção, o véu é substituído por chapéu, para manter sempre a cabeça coberta, como se viu nas mulheres vinculadas às lideranças de governos ao cumprimentarem o papa Francisco após a sagração no Vaticano.

Costume árabe – Ditado pela religião dos países árabes, o véu é obrigatório em muitas dessas nações, integrando o traje urbano. Mulheres ocidentais que viajam aos países árabes fundamentalistas, que exigem o véu, devem usá-lo para não atrair atenção e chocar os naturais da região.

Ver *traje*

VIAGEM

Há cinco perguntas fundamentais que devem ser respondidas logo que for tomada a decisão de viajar: motivo, roteiro, duração, estações do ano a enfrentar, programação (eventos, teatro, esporte, lazer). Com a internet pode-se fazer uma programação cultural com antecedência.

Comunicação – Mesmo sabendo falar inglês, é recomendável conhecer as palavras básicas de cortesia no idioma dos países visitados: bom dia, boa tarde, boa noite, até logo; obrigado, com licença, desculpe, por favor, muito prazer. Uma boa precaução é ter sempre à mão um dicionário de bolso, com tradução e versão. Pelo menos revela boa vontade, e o natural do país tende a tratar melhor esse turista.

Agência de viagem – Antes da entrevista com o agente, se faz uma relação de perguntas: uma delas é sobre o seguro de viagem e as vantagens que o plano oferece. É um documento que deve ser guardado para o caso de futura discussão. Toda mudança de horário no decurso da viagem será anotada na agenda de viagem.

Bagagem – A viagem começa com a racionalização da bagagem, em função do roteiro e da programação. Convém levar uma bagagem de mão com uma muda de roupa, um kit com produtos de higiene pessoal e remédios rotineiros para o caso de extravio de malas. Se estiver previsto frio, o casaco ou o impermeável é levado no braço. Meias de lã, luvas e cachecol fazem parte da malinha de emergência, que pode incluir documentos de valor profissional. Quem vai a trabalho terá seu *pendrive* e o material imprescindível na realização de palestras. Esta valise não será despachada, por isto se presta atenção no tamanho para o melhor conforto.

Guarda-roupa – Conforme o tipo de viagem é feita a seleção de roupas, a partir de uma cor básica – preto, cinza, marinho, jeans – suscetível a outras combinações. Um pretinho básico para a mulher que viaja é fundamental. Para o homem é terno cinza escuro com paletó e blazer combinando. Gravatas e echarpes renovam a produção do visual. Abrigos mais pesados são levados no corpo ou no braço.

Ver *beijo, cartão de visita, cumprimentos, gorjeta, hotel, mala, presentes*

Vin d'honneur

Termo francês que significa "vinho em honra", definindo uma recepção diurna e mais ligeira em homenagem a alguém ou comemorando uma data. É uma reunião de duração de uma a duas horas, conforme consta no convite. São servidos vinhos, em geral espumante, para os brindes e salgadinhos.

Vinho

Baco é o deus romano do vinho, e a bebida já era conhecida 5 mil anos antes de Cristo. O vinho tem vida. Seu envelhecimento inicia-se na própria garrafa, pois a ausência do oxigênio desenvolve o sabor aveludado e forma o buquê. De modo geral, todo vinho tinto melhora seus aromas e sabor permanecendo na garrafa durante seis a doze meses após o lançamento no mercado. Vinhos tintos encorpados ultrapassam essa fase e se beneficiam com o envelhecimento.

Temperatura – Há termômetros para vinho. Servir a bebida de acordo com seu tipo – tinto, branco, rosé e espumante – destaca suas qualidades para a degustação. As temperaturas favoráveis oscilam entre o limite mínimo de quatro graus para os espumantes e o máximo de dezoito graus para os tintos. Deve-se ter cuidado com a recomendação "à temperatura ambiente ou *chambrer*". Num clima tropical, ela pode estar muito elevada para um tinto, por isso ele é refrescado na garrafa, por alguns minutos, no refrigerador. Os espumantes são servidos mais frios, devido ao moroso desprendimento do gás carbônico – as borbulhas –, para realçar os aromas. Os brancos secos ou *demi-sec*, mais doces, os *rosés* secos ou *demi-sec*, incluindo um *beaujolais nouveau*, pedem de seis a oito graus.

Terroir – Palavra francesa que define as características de um terreno onde são plantadas as uvas, que dão o sabor e diferenciam os vinhos.

Prova – Antes de um vinho ser servido cabe ao anfitrião prová-lo, tanto em casa quanto no restaurante. Sem garçom, ele próprio se serve, no máximo, de um dedo de vinho no cálice. Degusta, aos poucos, na ponta e nas laterais da língua sensíveis à acidez e ao açúcar e, posteriormente, em toda a superfície, quando perceberá a estrutura do vinho. Algum tipo de sabor estranho resulta da má conservação, que provoca a acetificação (cheiro de vinagre) ou o gosto de rolha. Sinal de que a garrafa deve ser substituída.

Como servir – A quantidade recomendada é de no máximo metade do copo, para possibilitar a apreciação dos aromas através do movimento giratório do líqüido junto às paredes do copo. Numa refeição, os vinhos brancos precedem os tintos, os mais ligeiros, os encorpados, e os mais jovens, os maduros e envelhecidos. Caso seja servido um vinho de origem ou qualidade especial, é recomendável reservá-lo para acompanhar o prato principal. Um espumante *brut* ou um vinho seco, seja branco ou rosé, pode acompanhar todos os pratos. Os vinhos doces como o Tokaj, o Sauternes e o Porto são recomendáveis para acompanhar a sobremesa. Uma garrafa colocada no refrigerador deve ser retirada para uso imediato e, caso necessário, aguardar que atinja a temperatura ideal para ser servida.

Decantar – É verter o vinho da garrafa rotulada numa jarra ou num decanter, um recipiente de vidro transparente incolor, bojudo na parte inferior e sem alça. Vinhos de qualidade não são decantados.

Harmonização – Básico é servir carnes brancas (peixes, frangos, frutos do mar) com vinhos brancos secos ou tintos leves e carnes vermelhas com tintos. Sabe-se que os temperos de um prato interferem no seu sabor, então aquela regra tem variações. Patês de fígado pedem vinhos brancos e rosados secos. Bacalhau e carne de porco, tintos ligeiros. Nos queijos é a mesma combinação: os picantes, como o *roquefort,* se harmonizam com tintos estruturados ou vinhos doces; *camembert, brie e ementhal,* com tintos estruturados e pouco ácidos; queijos de massa mole (ricota, minas frescal e de cabra) com os brancos jovens. É importante que o vinho com o qual foi preparado um prato seja servido no cálice como acompanhamento.

Vinho verde – É um vinho português que pode ser branco ou tinto, leve e de moderado teor alcoólico, produzido com uva nova e não madura. É originário da costa do rio Minho (Portugal). O branco é servido como aperitivo e para acompanhar carnes brancas, sushis e sashimis.

Ver *balde, brindes, copos, flores, restaurante, rolha*

VINTAGE

Palavra inglesa aplicada à safra de uva com a qual foi feito um vinho excepcional degustado anos depois. Vintage também é uma roupa produzida há algumas décadas que pelo seu estilo e qualidade mantém sua atualidade. É moda de brechó.

VISITA

Por mais intimidade que se tenha não se vai à casa de alguém sem telefonar, para evitar chegar num horário desconfortável para o visitado. Visitas de pêsames foram quase eliminadas, limitadas a telefonemas e e-mails após a cerimônia final e o culto religioso.

Limite – O tempo de uma visita é variável e deve-se ter a sensibilidade de entender alguns sinais de fadiga dos donos da casa: não mais estimulam a conversa, param de servir bebidas ou, em noites frias, deixam de atiçar o fogo na lareira ou desligam o aquecimento. Se assim mesmo não adiantou, quem está recebendo pode dizer: "Amanhã devo me levantar cedo...". Crianças na fase de travessuras não são incluídas em visitas sem prévia consulta.

Ver *hospital, pets*

VISUAL

❧ Ver *aparência, elegância, maquiagem, postura*

VIZINHOS

❧ Ver *condomínio*

VODCA

Considerada a cachaça dos russos, a vodca – o teor alcoólico fica entre 35 e 45 graus – não congela no freezer. Ela é servida geladíssima, num pequeno copo alongado. Os russos tomam vodca de uma só vez, inclinando a cabeça para trás e o copinho empinado, devido ao seu formato alongado e estreito. A vodca está sempre bem acompanhada quando servida com torradas e caviar.

❧ Ver *copos*

W

WhatsApp

Esta rede social é um aplicativo que permite trocar mensagens pelo celular como se fossem SMS, mas sem pagar por isso. Para usá-lo é preciso conectar o celular à internet, podendo enviar mensagens com imagens, vídeos e áudio. Também permite a criação de grupos dinâmicos, como para a organização de uma festa ou listas de presentes. Após o evento, o grupo pode ser excluído.

Ver *celular, redes sociais*

X

Xícara

Ao segurar a alça da xícara para sorver a bebida, quer seja de cafezinho ou uma maior, dobra-se o dedo mínimo para baixo do médio e do anular. Fica escondido e não esticado como é a tendência natural.

Após refeição – O serviço de chá é apresentado numa bandeja apoiada na mesa auxiliar. Se a anfitriã serve a taça de chá primeiro para uma das amigas, é uma deferência. Transferir essa taça para outra convidada seria descortesia com a anfitriã.

Na mesa – Se a xícara e o pires estão dispostos sobre o prato de sobremesa, numa mesa de chá, transferem-se ambos para um pouco acima do prato e à direita.

Ver *café da manhã, chá, pires*

Agradecimentos

Para realizar este trabalho sucinto e informativo, pedi a colaboração de experts nos variados assuntos tratados em verbetes. Muita gente me ajudou, e a todos agradeço. Para evitar naturais lapsos, nomeio apenas aqueles que prestaram consultoria sobre temas de suas especialidades: Adolfo Lona, Bárbara Nickel, Cora Pinto Ribeiro, Iara Jalfim, Martha Fortuna, Patrícia Pontalti, Sady Homrich e Valmir Borba. À Laura Schirmer, além das sugestões, pelo grande estímulo dado ao meu trabalho e seu carinho de neta e amiga. Mas a minha concepção deste guia de etiqueta só foi concretizada devido à orientação do editor Ivan Pinheiro Machado na forma de organizar os verbetes para facilitar a consulta dos leitores.

Meu convívio na L&PM tem mais de vinte anos. Graças a este guia de etiqueta reencontrei profissionalmente Jó Saldanha, em função do preparo de originais, e Lúcia Bohrer na supervisão da produção editorial. Com Paula Teitelbaum tenho o primeiro encontro profissional, acalentado por uma amizade mais recente. Coube a ela a produção final dos verbetes relativos à correspondência virtual. Desta equipe faz parte a editora Janine Mogendorff, que contribuiu também para a *Etiqueta de bolso* ser o livro que é e estar nas livrarias.

Muito grata a todos. Em especial aos amigos Paulo de Almeida Lima e Ivan Pinheiro Machado, responsáveis pelos rumos desta editora em seus quarenta anos de existência, comemorados neste ano de 2014.

Bibliografia

ALFORD, Henry. *Would It Kill You to Stop Doing That?* New York: Twelve, Hachette Book Group, 2012.

FORNARI, Cláudio. *Dicionário-almanaque de comes & bebes.* Rio de Janeiro: Nova Fronteira, 2001.

GOMENSORO, Maria Lúcia. *Pequeno dicionário de gastronomia.* Rio de Janeiro: Objetiva, 1999.

JONES, Bridget; BREHAUT, Madeleine. *Napkin Folds.* New York: Barnes & Noble, 1998.

KALIL, Gloria. *Alô, Chics!* Rio de Janeiro: Ediouro, 2007.

LECHERBONNIER, Marie-France. *Le Guide du Savoir-Vivre.* Paris: Albin Michel, 1994.

MARTIN, Judith. *Miss Manners.* New York: Simon & Schuster, 1990.

MATARAZZO, Claudia. *Negócios, negócios, etiqueta faz parte.* São Paulo: Melhoramentos, 2003.

RIBEIRO, Celia. *Boas maneiras & sucesso nos negócios.* Porto Alegre: L&PM.

RIBEIRO, Celia. *Etiqueta para crianças.* Porto Alegre: L&PM.

RIBEIRO, Celia. *Etiqueta século XXI.* Porto Alegre: L&PM, 2008.

RIBEIRO, Celia. *Etiqueta na prática.* Porto Alegre: L&PM, 2001.

SPRITZER, Nelson. *Ler pessoas.* Rio de Janeiro: Dolphin TECH, 2010.

STEWART, Marjabelle Young. *The New Etiquette.* New York: St. Martin's Press INC, 1987.

VISSER, Margaret. *O ritual do jantar.* Rio de Janeiro: Campus, 1999.

Sobre a autora

Celia Ribeiro nasceu em Porto Alegre. É jornalista, licenciada em Filosofia pela Universidade Federal do Rio Grande do Sul, com longa trajetória na RBS TV e no jornal *Zero Hora*, no qual foi editora de moda e atualmente assina uma página de etiqueta no caderno dominical. Foi colunista também da revista *Cláudia*. Paralelamente, Celia Ribeiro tem experiência como palestrante, ministrando cursos para executivos. Em seus livros há grande influência desses diálogos mantidos com alunos e leitores de suas colunas, pautas importantes para enfocar as boas maneiras como uma eficiente ferramenta no fortalecimento da autoimagem e a conquista do sucesso social e profissional.

O primeiro livro de etiqueta de Celia Ribeiro foi lançado pela L&PM Editores em 1991. *Etiqueta na prática* (L&PM POCKET, 2001) vendeu mais 150 mil exemplares e deflagrou uma verdadeira febre editorial no mercado brasileiro. A ele se seguiram: *Boas maneiras & sucesso nos negócios* (1993; L&PM POCKET, 2004), *Manual de sobrevivência do anfitrião inexperiente* (1995), *Etiqueta na prática para crianças* (1997), *Casamento e etiqueta* (1998) e *Etiqueta século XXI* (2005). Já na área da gastronomia, é autora de *Receitas de Yayá Ribeiro* (1988; L&PM POCKET, 2002), *100 receitas de sobremesas* (L&PM POCKET, 2000) e *O pãozinho se parte com as mãos* (2001), publicado na Coleção L&PM POCKET como *Boas maneiras à mesa*

(2007). É autora também de *Fernando Gomes, um mestre no século XIX*, no qual faz uma viagem à Porto Alegre de então, na qual seu bisavô viveu e dirigiu uma instituição educacional de grande prestígio.

Coleção L&PM POCKET (LANÇAMENTOS MAIS RECENTES)

142.**As aventuras de David Balfour** – Stevenson
143.**Alice no país das maravilhas** – Lewis Carroll
144.**A ressurreição** – Machado de Assis
145.**Inimigos, uma história de amor** – I. Singer
146.**O Guarani** – José de Alencar
147.**A cidade e as serras** – Eça de Queiroz
148.**Eu e outras poesias** – Augusto dos Anjos
149.**A mulher de trinta anos** – Balzac
150.**Pomba enamorada** – Lygia F. Telles
151.**Contos fluminenses** – Machado de Assis
152.**Antes de Adão** – Jack London
153.**Intervalo amoroso** – A.Romano de Sant'Anna
154.**Memorial de Aires** – Machado de Assis
155.**Naufrágios e comentários** – Cabeza de Vaca
156.**Ubirajara** – José de Alencar
157.**Textos anarquistas** – Bakunin
159.**Amor de salvação** – Camilo Castelo Branco
160.**O gaúcho** – José de Alencar
161.**O livro das maravilhas** – Marco Polo
162.**Inocência** – Visconde de Taunay
163.**Helena** – Machado de Assis
164.**Uma estação de amor** – Horácio Quiroga
165.**Poesia reunida** – Martha Medeiros
166.**Memórias de Sherlock Holmes** – Conan Doyle
167.**A vida de Mozart** – Stendhal
168.**O primeiro terço** – Neal Cassady
169.**O mandarim** – Eça de Queiroz
170.**Um espinho de marfim** – Marina Colasanti
171.**A ilustre Casa de Ramires** – Eça de Queiroz
172.**Lucíola** – José de Alencar
173.**Antígona** – Sófocles – trad. Donaldo Schüler
174.**Otelo** – William Shakespeare
175.**Antologia** – Gregório de Matos
176.**A liberdade de imprensa** – Karl Marx
177.**Casa de pensão** – Aluísio Azevedo
178.**São Manuel Bueno, Mártir** – Unamuno
179.**Primaveras** – Casimiro de Abreu
180.**O noviço** – Martins Pena
181.**O sertanejo** – José de Alencar
182.**Eurico, o presbítero** – Alexandre Herculano
183.**O signo dos quatro** – Conan Doyle
184.**Sete anos no Tibet** – Heinrich Harrer
185.**Vagamundo** – Eduardo Galeano
186.**De repente acidentes** – Carl Solomon
187.**As minas de Salomão** – Rider Haggar
188.**Uivo** – Allen Ginsberg
189.**A ciclista solitária** – Conan Doyle
190.**Os seis bustos de Napoleão** – Conan Doyle
191.**Cortejo do divino** – Nelida Piñon
194.**Os crimes do amor** – Marquês de Sade
195.**Besame Mucho** – Mário Prata
196.**Tuareg** – Alberto Vázquez-Figueroa
197.**O longo adeus** – Raymond Chandler
199.**Notas de um velho safado** – Bukowski
200.**111 ais** – Dalton Trevisan
201.**O nariz** – Nicolai Gogol
202.**O capote** – Nicolai Gogol
203.**Macbeth** – William Shakespeare
204.**Heráclito** – Donaldo Schüler
205.**Você deve desistir, Osvaldo** – Cyro Martins
206.**Memórias de Garibaldi** – A. Dumas
207.**A arte da guerra** – Sun Tzu
208.**Fragmentos** – Caio Fernando Abreu
209.**Festa no castelo** – Moacyr Scliar
210.**O grande deflorador** – Dalton Trevisan
212.**Homem do princípio ao fim** – Millôr Fernandes
213.**Aline e seus dois namorados (1)** – A. Iturrusgarai
214.**A juba do leão** – Sir Arthur Conan Doyle
215.**Assassino metido a esperto** – R. Chandler
216.**Confissões de um comedor de ópio** – Thomas De Quincey
217.**Os sofrimentos do jovem Werther** – Goethe
218.**Fedra** – Racine / Trad. Millôr Fernandes
219.**O vampiro de Sussex** – Conan Doyle
220.**Sonho de uma noite de verão** – Shakespeare
221.**Dias e noites de amor e de guerra** – Galeano
222.**O Profeta** – Khalil Gibran
223.**Flávia, cabeça, tronco e membros** – M. Fernandes
224.**Guia da ópera** – Jeanne Suhamy
225.**Macário** – Álvares de Azevedo
226.**Etiqueta na prática** – Celia Ribeiro
227.**Manifesto do Partido Comunista** – Marx & Engels
228.**Poemas** – Millôr Fernandes
229.**Um inimigo do povo** – Henrik Ibsen
230.**O paraíso destruído** – Frei B. de las Casas
231.**O gato no escuro** – Josué Guimarães
232.**O mágico de Oz** – L. Frank Baum
233.**Armas no Cyrano's** – Raymond Chandler
234.**Max e os felinos** – Moacyr Scliar
235.**Nos céus de Paris** – Alcy Cheuiche
236.**Os bandoleiros** – Schiller
237.**A primeira coisa que eu botei na boca** – Deonísio da Silva
238.**As aventuras de Simbad, o marújo**
239.**O retrato de Dorian Gray** – Oscar Wilde
240.**A carteira de meu tio** – J. Manuel de Macedo
241.**A luneta mágica** – J. Manuel de Macedo
242.**A metamorfose** – Franz Kafka
243.**A flecha de ouro** – Joseph Conrad
244.**A ilha do tesouro** – R. L. Stevenson
245.**Marx - Vida & Obra** – José A. Giannotti
246.**Gênesis**
247.**Unidos para sempre** – Ruth Rendell
248.**A arte de amar** – Ovídio
249.**O sono eterno** – Raymond Chandler
250.**Novas receitas do Anonymus Gourmet** – J.A.P.M.
251.**A nova catacumba** – Arthur Conan Doyle
252.**Dr. Negro** – Arthur Conan Doyle
253.**Os voluntários** – Moacyr Scliar
254.**A bela adormecida** – Irmãos Grimm
255.**O príncipe sapo** – Irmãos Grimm
256.**Confissões** *e* **Memórias** – H. Heine
257.**Viva o Alegrete** – Sergio Faraco
258.**Vou estar esperando** – R. Chandler
259.**A senhora Beate e seu filho** – Schnitzler
260.**O ovo apunhalado** – Caio Fernando Abreu
261.**O ciclo das águas** – Moacyr Scliar
262.**Millôr Definitivo** – Millôr Fernandes
264.**Viagem ao centro da Terra** – Júlio Verne
265.**A dama do lago** – Raymond Chandler
266.**Caninos brancos** – Jack London

267.**O médico e o monstro** – R. L. Stevenson
268.**A tempestade** – William Shakespeare
269.**Assassinatos na rua Morgue** – E. Allan Poe
270.**99 corruíras nanicas** – Dalton Trevisan
271.**Broquéis** – Cruz e Sousa
272.**Mês de cães danados** – Moacyr Scliar
273.**Anarquistas – vol. 1 – A idéia** – G.Woodcock
274.**Anarquistas – vol. 2 – O movimento** – G.Woodcock
275.**Pai e filho, filho e pai** – Moacyr Scliar
276.**As aventuras de Tom Sawyer** – Mark Twain
277.**Muito barulho por nada** – W. Shakespeare
278.**Elogio da loucura** – Erasmo
279.**Autobiografia de Alice B. Toklas** – G. Stein
280.**O chamado da floresta** – J. London
281.**Uma agulha para o diabo** – Ruth Rendell
282.**Verdes vales do fim do mundo** – A. Bivar
283.**Ovelhas negras** – Caio Fernando Abreu
284.**O fantasma de Canterville** – O. Wilde
285.**Receitas de Yayá Ribeiro** – Celia Ribeiro
286.**A galinha degolada** – H. Quiroga
287.**O último adeus de Sherlock Holmes** – A. Conan Doyle
288.**A. Gourmet *em* Histórias de cama & mesa** – J. A. Pinheiro Machado
289.**Topless** – Martha Medeiros
290.**Mais receitas do Anonymus Gourmet** – J. A. Pinheiro Machado
291.**Origens do discurso democrático** – D. Schüler
292.**Humor politicamente incorreto** – Nani
293.**O teatro do bem e do mal** – E. Galeano
294.**Garibaldi & Manoela** – J. Guimarães
295.**10 dias que abalaram o mundo** – John Reed
296.**Numa fria** – Bukowski
297.**Poesia de Florbela Espanca** vol. 1
298.**Poesia de Florbela Espanca** vol. 2
299.**Escreva certo** – E. Oliveira e M. E. Bernd
300.**O vermelho e o negro** – Stendhal
301.**Ecce homo** – Friedrich Nietzsche
302(7).**Comer bem, sem culpa** – Dr. Fernando Lucchese, A. Gourmet e Iotti
303.**O livro de Cesário Verde** – Cesário Verde
305.**100 receitas de macarrão** – S. Lancellotti
306.**160 receitas de molhos** – S. Lancellotti
307.**100 receitas light** – H. e Â. Tonetto
308.**100 receitas de sobremesas** – Celia Ribeiro
309.**Mais de 100 dicas de churrasco** – Leon Diziekaniak
310.**100 receitas de acompanhamentos** – C. Cabeda
311.**Honra ou vendetta** – S. Lancellotti
312.**A alma do homem sob o socialismo** – Oscar Wilde
313.**Tudo sobre Yôga** – Mestre De Rose
314.**Os varões assinalados** – Tabajara Ruas
315.**Édipo em Colono** – Sófocles
316.**Lisístrata** – Aristófanes / trad. Millôr
317.**Sonhos de Bunker Hill** – John Fante
318.**Os deuses de Raquel** – Moacyr Scliar
319.**O colosso de Marússia** – Henry Miller
320.**As eruditas** – Molière / trad. Millôr
321.**Radicci 1** – Iotti
322.**Os Sete contra Tebas** – Ésquilo
323.**Brasil Terra à vista** – Eduardo Bueno
324.**Radicci 2** – Iotti
325.**Júlio César** – William Shakespeare
326.**A carta de Pero Vaz de Caminha**
327.**Cozinha Clássica** – Sílvio Lancellotti
328.**Madame Bovary** – Gustave Flaubert
329.**Dicionário do viajante insólito** – M. Scliar
330.**O capitão saiu para o almoço...** – Bukowski
331.**A carta roubada** – Edgar Allan Poe
332.**É tarde para saber** – Josué Guimarães
333.**O livro de bolso da Astrologia** – Maggy Harrisonx e Mellina Li
334.**1933 foi um ano ruim** – John Fante
335.**100 receitas de arroz** – Aninha Comas
336.**Guia prático do Português correto – vol. 1** – Cláudio Moreno
337.**Bartleby, o escriturário** – H. Melville
338.**Enterrem meu coração na curva do rio** – Dee Brown
339.**Um conto de Natal** – Charles Dickens
340.**Cozinha sem segredos** – J. A. P. Machado
341.**A dama das Camélias** – A. Dumas Filho
342.**Alimentação saudável** – H. e Â. Tonetto
343.**Continhos galantes** – Dalton Trevisan
344.**A Divina Comédia** – Dante Alighieri
345.**A Dupla Sertanojo** – Santiago
346.**Cavalos do amanhecer** – Mario Arregui
347.**Biografia de Vincent van Gogh por sua cunhada** – Jo van Gogh-Bonger
348.**Radicci 3** – Iotti
349.**Nada de novo no front** – E. M. Remarque
350.**A hora dos assassinos** – Henry Miller
351.**Flush – Memórias de um cão** – Virginia Woolf
352.**A guerra no Bom Fim** – M. Scliar
353(1).**O caso Saint-Fiacre** – Simenon
354(2).**Morte na alta sociedade** – Simenon
355(3).**O cão amarelo** – Simenon
356(4).**Maigret e o homem do banco** – Simenon
357.**As uvas e o vento** – Pablo Neruda
358.**On the road** – Jack Kerouac
359.**O coração amarelo** – Pablo Neruda
360.**Livro das perguntas** – Pablo Neruda
361.**Noite de Reis** – William Shakespeare
362.**Manual de Ecologia (vol.1)** – J. Lutzenberger
363.**O mais longo dos dias** – Cornelius Ryan
364.**Foi bom prá você?** – Nani
365.**Crepusculário** – Pablo Neruda
366.**A comédia dos erros** – Shakespeare
367(5).**A primeira investigação de Maigret** – Simenon
368(6).**As férias de Maigret** – Simenon
369.**Mate-me por favor (vol.1)** – L. McNeil
370.**Mate-me por favor (vol.2)** – L. McNeil
371.**Carta ao pai** – Kafka
372.**Os vagabundos iluminados** – J. Kerouac
373(7).**O enforcado** – Simenon
374(8).**A fúria de Maigret** – Simenon
375.**Vargas, uma biografia política** – H. Silva
376.**Poesia reunida (vol.1)** – A. R. de Sant'Anna
377.**Poesia reunida (vol.2)** – A. R. de Sant'Anna
378.**Alice no país do espelho** – Lewis Carroll
379.**Residência na Terra 1** – Pablo Neruda
380.**Residência na Terra 2** – Pablo Neruda
381.**Terceira Residência** – Pablo Neruda
382.**O delírio amoroso** – Bocage
383.**Futebol ao sol e à sombra** – E. Galeano
384(9).**O porto das brumas** – Simenon
385(10).**Maigret e seu morto** – Simenon
386.**Radicci 4** – Iotti

387.**Boas maneiras & sucesso nos negócios** – Celia Ribeiro
388.**Uma história Farroupilha** – M. Scliar
389.**Na mesa ninguém envelhece** – J. A. Pinheiro Machado
390.**200 receitas inéditas do Anonymus Gourmet** – J. A. Pinheiro Machado
391.**Guia prático do Português correto – vol.2** – Cláudio Moreno
392.**Breviário das terras do Brasil** – Assis Brasil
393.**Cantos Cerimoniais** – Pablo Neruda
394.**Jardim de Inverno** – Pablo Neruda
395.**Antonio e Cleópatra** – William Shakespeare
396.**Tróia** – Cláudio Moreno
397.**Meu tio matou um cara** – Jorge Furtado
398.**O anatomista** – Federico Andahazi
399.**As viagens de Gulliver** – Jonathan Swift
400.**Dom Quixote** – (v. 1) – Miguel de Cervantes
401.**Dom Quixote** – (v. 2) – Miguel de Cervantes
402.**Sozinho no Pólo Norte** – Thomaz Brandolin
403.**Matadouro 5** – Kurt Vonnegut
404.**Delta de Vênus** – Anaïs Nin
405.**O melhor de Hagar 2** – Dik Browne
406.**É grave Doutor?** – Nani
407.**Orai pornô** – Nani
408(11).**Maigret em Nova York** – Simenon
409(12).**O assassino sem rosto** – Simenon
410(13).**O mistério das jóias roubadas** – Simenon
411.**A irmãzinha** – Raymond Chandler
412.**Três contos** – Gustave Flaubert
413.**De ratos e homens** – John Steinbeck
414.**Lazarilho de Tormes** – Anônimo do séc. XVI
415.**Triângulo das águas** – Caio Fernando Abreu
416.**100 receitas de carnes** – Sílvio Lancellotti
417.**Histórias de robôs:** vol. 1 – org. Isaac Asimov
418.**Histórias de robôs:** vol. 2 – org. Isaac Asimov
419.**Histórias de robôs:** vol. 3 – org. Isaac Asimov
420.**O país dos centauros** – Tabajara Ruas
421.**A república de Anita** – Tabajara Ruas
422.**A carga dos lanceiros** – Tabajara Ruas
423.**Um amigo de Kafka** – Isaac Singer
424.**As alegres matronas de Windsor** – Shakespeare
425.**Amor e exílio** – Isaac Bashevis Singer
426.**Use & abuse do seu signo** – Marília Fiorillo e Marylou Simonsen
427.**Pigmaleão** – Bernard Shaw
428.**As fenícias** – Eurípides
429.**Everest** – Thomaz Brandolin
430.**A arte de furtar** – Anônimo do séc. XVI
431.**Billy Bud** – Herman Melville
432.**A rosa separada** – Pablo Neruda
433.**Elegia** – Pablo Neruda
434.**A garota de Cassidy** – David Goodis
435.**Como fazer a guerra: máximas de Napoleão** – Balzac
436.**Poemas escolhidos** – Emily Dickinson
437.**Gracias por el fuego** – Mario Benedetti
438.**O sofá** – Crébillon Fils
439.**O "Martín Fierro"** – Jorge Luis Borges
440.**Trabalhos de amor perdidos** – W. Shakespeare
441.**O melhor de Hagar 3** – Dik Browne
442.**Os Maias (volume1)** – Eça de Queiroz
443.**Os Maias (volume2)** – Eça de Queiroz
444.**Anti-Justine** – Restif de La Bretonne
445.**Juventude** – Joseph Conrad
446.**Contos** – Eça de Queiroz
447.**Janela para a morte** – Raymond Chandler
448.**Um amor de Swann** – Marcel Proust
449.**À paz perpétua** – Immanuel Kant
450.**A conquista do México** – Hernan Cortez
451.**Defeitos escolhidos e 2000** – Pablo Neruda
452.**O casamento do céu e do inferno** – William Blake
453.**A primeira viagem ao redor do mundo** – Antonio Pigafetta
454(14).**Uma sombra na janela** – Simenon
455(15).**A noite da encruzilhada** – Simenon
456(16).**A velha senhora** – Simenon
457.**Sartre** – Annie Cohen-Solal
458.**Discurso do método** – René Descartes
459.**Garfield em grande forma (1)** – Jim Davis
460.**Garfield está de dieta** (2) – Jim Davis
461.**O livro das feras** – Patricia Highsmith
462.**Viajante solitário** – Jack Kerouac
463.**Auto da barca do inferno** – Gil Vicente
464.**O livro vermelho dos pensamentos de Millôr** – Millôr Fernandes
465.**O livro dos abraços** – Eduardo Galeano
466.**Voltaremos!** – José Antonio Pinheiro Machado
467.**Rango** – Edgar Vasques
468(8).**Dieta mediterrânea** – Dr. Fernando Lucchese e José Antonio Pinheiro Machado
469.**Radicci 5** – Iotti
470.**Pequenos pássaros** – Anaïs Nin
471.**Guia prático do Português correto – vol.3** – Cláudio Moreno
472.**Atire no pianista** – David Goodis
473.**Antologia Poética** – García Lorca
474.**Alexandre e César** – Plutarco
475.**Uma espiã na casa do amor** – Anaïs Nin
476.**A gorda do Tiki Bar** – Dalton Trevisan
477.**Garfield um gato de peso (3)** – Jim Davis
478.**Canibais** – David Coimbra
479.**A arte de escrever** – Arthur Schopenhauer
480.**Pinóquio** – Carlo Collodi
481.**Misto-quente** – Bukowski
482.**A lua na sarjeta** – David Goodis
483.**O melhor do Recruta Zero (1)** – Mort Walker
484.**Aline: TPM – tensão pré-monstrual (2)** – Adão Iturrusgarai
485.**Sermões do Padre Antonio Vieira**
486.**Garfield numa boa (4)** – Jim Davis
487.**Mensagem** – Fernando Pessoa
488.**Vendeta** *seguido de* **A paz conjugal** – Balzac
489.**Poemas de Alberto Caeiro** – Fernando Pessoa
490.**Ferragus** – Honoré de Balzac
491.**A duquesa de Langeais** – Honoré de Balzac
492.**A menina dos olhos de ouro** – Honoré de Balzac
493.**O lírio do vale** – Honoré de Balzac
494(17).**A barcaça da morte** – Simenon
495(18).**As testemunhas rebeldes** – Simenon
496(19).**Um engano de Maigret** – Simenon
497(1).**A noite das bruxas** – Agatha Christie
498(2).**Um passe de mágica** – Agatha Christie
499(3).**Nêmesis** – Agatha Christie
500.**Esboço para uma teoria das emoções** – Sartre
501.**Renda básica de cidadania** – Eduardo Suplicy
502(1).**Pílulas para viver melhor** – Dr. Lucchese
503(2).**Pílulas para prolongar a juventude** – Dr. Lucchese

504(3).**Desembarcando o diabetes** – Dr. Lucchese
505(4).**Desembarcando o sedentarismo** – Dr. Fernando Lucchese e Cláudio Castro
506(5).**Desembarcando a hipertensão** – Dr. Lucchese
507(6).**Desembarcando o colesterol** – Dr. Fernando Lucchese e Fernanda Lucchese
508.**Estudos de mulher** – Balzac
509.**O terceiro tira** – Flann O'Brien
510.**100 receitas de aves e ovos** – J. A. P. Machado
511.**Garfield em toneladas de diversão** (5) – Jim Davis
512.**Trem-bala** – Martha Medeiros
513.**Os cães ladram** – Truman Capote
514.**O Kama Sutra de Vatsyayana**
515.**O crime do Padre Amaro** – Eça de Queiroz
516.**Odes de Ricardo Reis** – Fernando Pessoa
517.**O inverno da nossa desesperança** – Steinbeck
518.**Piratas do Tietê (1)** – Laerte
519.**Rê Bordosa: do começo ao fim** – Angeli
520.**O Harlem é escuro** – Chester Himes
521.**Café-da-manhã dos campeões** – Kurt Vonnegut
522.**Eugénie Grandet** – Balzac
523.**O último magnata** – F. Scott Fitzgerald
524.**Carol** – Patricia Highsmith
525.**100 receitas de patisseria** – Sílvio Lancellotti
526.**O fator humano** – Graham Greene
527.**Tristessa** – Jack Kerouac
528.**O diamante do tamanho do Ritz** – F. Scott Fitzgerald
529.**As melhores histórias de Sherlock Holmes** – Arthur Conan Doyle
530.**Cartas a um jovem poeta** – Rilke
531(20).**Memórias de Maigret** – Simenon
532(4).**O misterioso sr. Quin** – Agatha Christie
533.**Os analectos** – Confúcio
534(21).**Maigret e os homens de bem** – Simenon
535(22).**O medo de Maigret** – Simenon
536.**Ascensão e queda de César Birotteau** – Balzac
537.**Sexta-feira negra** – David Goodis
538.**Ora bolas – O humor de Mario Quintana** – Juarez Fonseca
539.**Longe daqui aqui mesmo** – Antonio Bivar
540(5).**É fácil matar** – Agatha Christie
541.**O pai Goriot** – Balzac
542.**Brasil, um país do futuro** – Stefan Zweig
543.**O processo** – Kafka
544.**O melhor de Hagar 4** – Dik Browne
545(6).**Por que não pediram a Evans?** – Agatha Christie
546.**Fanny Hill** – John Cleland
547.**O gato por dentro** – William S. Burroughs
548.**Sobre a brevidade da vida** – Sêneca
549.**Geraldão (1)** – Glauco
550.**Piratas do Tietê (2)** – Laerte
551.**Pagando o pato** – Ciça
552.**Garfield de bom humor (6)** – Jim Davis
553.**Conhece o Mário?** vol.1 – Santiago
554.**Radicci 6** – Iotti
555.**Os subterrâneos** – Jack Kerouac
556(1).**Balzac** – François Taillandier
557(2).**Modigliani** – Christian Parisot
558(3).**Kafka** – Gérard-Georges Lemaire
559(4).**Júlio César** – Joël Schmidt
560.**Receitas da família** – J. A. Pinheiro Machado
561.**Boas maneiras à mesa** – Celia Ribeiro
562(9).**Filhos sadios, pais felizes** – R. Pagnoncelli
563(10).**Fatos & mitos** – Dr. Fernando Lucchese
564.**Ménage à trois** – Paula Taitelbaum
565.**Mulheres!** – David Coimbra
566.**Poemas de Álvaro de Campos** – Fernando Pessoa
567.**Medo e outras histórias** – Stefan Zweig
568.**Snoopy e sua turma (1)** – Schulz
569.**Piadas para sempre (1)** – Visconde da Casa Verde
570.**O alvo móvel** – Ross Macdonald
571.**O melhor do Recruta Zero (2)** – Mort Walker
572.**Um sonho americano** – Norman Mailer
573.**Os broncos também amam** – Angeli
574.**Crônica de um amor louco** – Bukowski
575(5).**Freud** – René Major e Chantal Talagrand
576(6).**Picasso** – Gilles Plazy
577(7).**Gandhi** – Christine Jordis
578.**A tumba** – H. P. Lovecraft
579.**O príncipe e o mendigo** – Mark Twain
580.**Garfield, um charme de gato (7)** – Jim Davis
581.**Ilusões perdidas** – Balzac
582.**Esplendores e misérias das cortesãs** – Balzac
583.**Walter Ego** – Angeli
584.**Striptiras (1)** – Laerte
585.**Fagundes: um puxa-saco de mão cheia** – Laerte
586.**Depois do último trem** – Josué Guimarães
587.**Ricardo III** – Shakespeare
588.**Dona Anja** – Josué Guimarães
589.**24 horas na vida de uma mulher** – Stefan Zweig
590.**O terceiro homem** – Graham Greene
591.**Mulher no escuro** – Dashiell Hammett
592.**No que acredito** – Bertrand Russell
593.**Odisséia (1): Telemaquia** – Homero
594.**O cavalo cego** – Josué Guimarães
595.**Henrique V** – Shakespeare
596.**Fabulário geral do delírio cotidiano** – Bukowski
597.**Tiros na noite 1: A mulher do bandido** – Dashiell Hammett
598.**Snoopy em Feliz Dia dos Namorados! (2)** – Schulz
599.**Mas não se matam cavalos?** – Horace McCoy
600.**Crime e castigo** – Dostoiévski
601(7).**Mistério no Caribe** – Agatha Christie
602.**Odisséia (2): Regresso** – Homero
603.**Piadas para sempre (2)** – Visconde da Casa Verde
604.**À sombra do vulcão** – Malcolm Lowry
605(8).**Kerouac** – Yves Buin
606.**E agora são cinzas** – Angeli
607.**As mil e uma noites** – Paulo Caruso
608.**Um assassino entre nós** – Ruth Rendell
609.**Crack-up** – F. Scott Fitzgerald
610.**Do amor** – Stendhal
611.**Cartas do Yage** – William Burroughs e Allen Ginsberg
612.**Striptiras (2)** – Laerte
613.**Henry & June** – Anaïs Nin
614.**A piscina mortal** – Ross Macdonald
615.**Geraldão (2)** – Glauco
616.**Tempo de delicadeza** – A. R. de Sant'Anna
617.**Tiros na noite 2: Medo de tiro** – Dashiell Hammett

726.**Um bonde chamado desejo** – Tennessee Williams
727.**Como gostais** *seguido de* **Conto de inverno** – Shakespeare
728.**Tratado sobre a tolerância** – Voltaire
729.**Snoopy: Doces ou travessuras? (7)** – Charles Schulz
730.**Cardápios do Anonymus Gourmet** – J.A. Pinheiro Machado
731.**100 receitas com lata** – J.A. Pinheiro Machado
732.**Conhece o Mário?** vol.2 – Santiago
733.**Dilbert (3)** – Scott Adams
734.**História de um louco amor** *seguido de* **Passado amor** – Horacio Quiroga
735(11).**Sexo: muito prazer** – Laura Meyer da Silva
736(12).**Para entender o adolescente** – Dr. Ronald Pagnoncelli
737(13).**Desembarcando a tristeza** – Dr. Fernando Lucchese
738.**Poirot e o mistério da arca espanhola & outras histórias** – Agatha Christie
739.**A última legião** – Valerio Massimo Manfredi
740.**As virgens suicidas** – Jeffrey Eugenides
741.**Sol nascente** – Michael Crichton
742.**Duzentos ladrões** – Dalton Trevisan
743.**Os devaneios do caminhante solitário** – Rousseau
744.**Garfield, o rei da preguiça (10)** – Jim Davis
745.**Os magnatas** – Charles R. Morris
746.**Pulp** – Charles Bukowski
747.**Enquanto agonizo** – William Faulkner
748.**Aline: viciada em sexo** (3) – Adão Iturrusgarai
749.**A dama do cachorrinho** – Anton Tchékhov
750.**Tito Andrônico** – Shakespeare
751.**Antologia poética** – Anna Akhmátova
752.**O melhor de Hagar 6** – Dik e Chris Browne
753(12).**Michelangelo** – Nadine Sautel
754.**Dilbert (4)** – Scott Adams
755.**O jardim das cerejeiras** *seguido de* **Tio Vânia** – Tchékhov
756.**Geração Beat** – Claudio Willer
757.**Santos Dumont** – Alcy Cheuiche
758.**Budismo** – Claude B. Levenson
759.**Cleópatra** – Christian-Georges Schwentzel
760.**Revolução Francesa** – Frédéric Bluche, Stéphane Rials e Jean Tulard
761.**A crise de 1929** – Bernard Gazier
762.**Sigmund Freud** – Edson Sousa e Paulo Endo
763.**Império Romano** – Patrick Le Roux
764.**Cruzadas** – Cécile Morrisson
765.**O mistério do Trem Azul** – Agatha Christie
766.**Os escrúpulos de Maigret** – Simenon
767.**Maigret se diverte** – Simenon
768.**Senso comum** – Thomas Paine
769.**O parque dos dinossauros** – Michael Crichton
770.**Trilogia da paixão** – Goethe
771.**A simples arte de matar** (vol.1) – R. Chandler
772.**A simples arte de matar** (vol.2) – R. Chandler
773.**Snoopy: No mundo da lua! (8)** – Charles Schulz
774.**Os Quatro Grandes** – Agatha Christie
775.**Um brinde de cianureto** – Agatha Christie
776.**Súplicas atendidas** – Truman Capote
777.**Ainda restam aveleiras** – Simenon
778.**Maigret e o ladrão preguiçoso** – Simenon
779.**A viúva imortal** – Millôr Fernandes
780.**Cabala** – Roland Goetschel
781.**Capitalismo** – Claude Jessua
782.**Mitologia grega** – Pierre Grimal
783.**Economia: 100 palavras-chave** – Jean-Paul Betbèze
784.**Marxismo** – Henri Lefebvre
785.**Punição para a inocência** – Agatha Christie
786.**A extravagância do morto** – Agatha Christie
787(13).**Cézanne** – Bernard Fauconnier
788.**A identidade Bourne** – Robert Ludlum
789.**Da tranquilidade da alma** – Sêneca
790.**Um artista da fome** *seguido de* **Na colônia penal e outras histórias** – Kafka
791.**Histórias de fantasmas** – Charles Dickens
792.**A louca de Maigret** – Simenon
793.**O amigo de infância de Maigret** – Simenon
794.**O revólver de Maigret** – Simenon
795.**A fuga do sr. Monde** – Simenon
796.**O Uraguai** – Basílio da Gama
797.**A mão misteriosa** – Agatha Christie
798.**Testemunha ocular do crime** – Agatha Christie
799.**Crepúsculo dos ídolos** – Friedrich Nietzsche
800.**Maigret e o negociante de vinhos** – Simemon
801.**Maigret e o mendigo** – Simenon
802.**O grande golpe** – Dashiell Hammett
803.**Humor barra pesada** – Nani
804.**Vinho** – Jean-François Gautier
805.**Egito Antigo** – Sophie Desplancques
806(14).**Baudelaire** – Jean-Baptiste Baronian
807.**Caminho da sabedoria, caminho da paz** – Dalai Lama e Felizitas von Schönborn
808.**Senhor e servo e outras histórias** – Tolstói
809.**Os cadernos de Malte Laurids Brigge** – Rilke
810.**Dilbert (5)** – Scott Adams
811.**Big Sur** – Jack Kerouac
812.**Seguindo a correnteza** – Agatha Christie
813.**O álibi** – Sandra Brown
814.**Montanha-russa** – Martha Medeiros
815.**Coisas da vida** – Martha Medeiros
816.**A cantada infalível** *seguido de* **A mulher do centroavante** – David Coimbra
817.**Maigret e os crimes do cais** – Simenon
818.**Sinal vermelho** – Simenon
819.**Snoopy: Pausa para a soneca (9)** – Charles Schulz
820.**De pernas pro ar** – Eduardo Galeano
821.**Tragédias gregas** – Pascal Thiercy
822.**Existencialismo** – Jacques Colette
823.**Nietzsche** – Jean Granier
824.**Amar ou depender?** – Walter Riso
825.**Darmapada: A doutrina budista em versos**
826.**J'Accuse...! – a verdade em marcha** – Zola
827.**Os crimes ABC** – Agatha Christie
828.**Um gato entre os pombos** – Agatha Christie
829.**Maigret e o sumiço do sr. Charles** – Simenon
830.**Maigret e a morte do jogador** – Simenon
831.**Dicionário de teatro** – Luiz Paulo Vasconcellos
832.**Cartas extraviadas** – Martha Medeiros
833.**A longa viagem de prazer** – J. J. Morosoli
834.**Receitas fáceis** – J. A. Pinheiro Machado
835.(14).**Mais fatos & mitos** – Dr. Fernando Lucchese
836.(15).**Boa viagem!** – Dr. Fernando Lucchese
837.**Aline: Finalmente nua!!!** (4) – Adão Iturrusgarai
838.**Mônica tem uma novidade!** – Mauricio de Sousa
839.**Cebolinha em apuros!** – Mauricio de Sousa
840.**Sócios no crime** – Agatha Christie

841.**Bocas do tempo** – Eduardo Galeano
842.**Orgulho e preconceito** – Jane Austen
843.**Impressionismo** – Dominique Lobstein
844.**Escrita chinesa** – Viviane Alleton
845.**Paris: uma história** – Yvan Combeau
846(15).**Van Gogh** – David Haziot
847.**Maigret e o corpo sem cabeça** – Simenon
848.**Portal do destino** – Agatha Christie
849.**O futuro de uma ilusão** – Freud
850.**O mal-estar na cultura** – Freud
851.**Maigret e o matador** – Simenon
852.**Maigret e o fantasma** – Simenon
853.**Um crime adormecido** – Agatha Christie
854.**Satori em Paris** – Jack Kerouac
855.**Medo e delírio em Las Vegas** – Hunter Thompson
856.**Um negócio fracassado e outros contos de humor** – Tchékhov
857.**Mônica está de férias!** – Mauricio de Sousa
858.**De quem é esse coelho?** – Mauricio de Sousa
859.**O burgomestre de Furnes** – Simenon
860.**O mistério Sittaford** – Agatha Christie
861.**Manhã transfigurada** – L. A. de Assis Brasil
862.**Alexandre, o Grande** – Pierre Briant
863.**Jesus** – Charles Perrot
864.**Islã** – Paul Balta
865.**Guerra da Secessão** – Farid Ameur
866.**Um rio que vem da Grécia** – Cláudio Moreno
867.**Maigret e os colegas americanos** – Simenon
868.**Assassinato na casa do pastor** – Agatha Christie
869.**Manual do líder** – Napoleão Bonaparte
870(16).**Billie Holiday** – Sylvia Fol
871.**Bidu arrasando!** – Mauricio de Sousa
872.**Desventuras em família** – Mauricio de Sousa
873.**Liberty Bar** – Simenon
874.**E no final a morte** – Agatha Christie
875.**Guia prático do Português correto – vol. 4** – Cláudio Moreno
876.**Dilbert (6)** – Scott Adams
877(17).**Leonardo da Vinci** – Sophie Chauveau
878.**Bella Toscana** – Frances Mayes
879.**A arte da ficção** – David Lodge
880.**Striptiras (4)** – Laerte
881.**Skrotinhos** – Angeli
882.**Depois do funeral** – Agatha Christie
883.**Radicci 7** – Iotti
884.**Walden** – H. D. Thoreau
885.**Lincoln** – Allen C. Guelzo
886.**Primeira Guerra Mundial** – Michael Howard
887.**A linha de sombra** – Joseph Conrad
888.**O amor é um cão dos diabos** – Bukowski
889.**Maigret sai em viagem** – Simenon
890.**Despertar: uma vida de Buda** – Jack Kerouac
891(18).**Albert Einstein** – Laurent Seksik
892.**Hell's Angels** – Hunter Thompson
893.**Ausência na primavera** – Agatha Christie
894.**Dilbert (7)** – Scott Adams
895.**Ao sul de lugar nenhum** – Bukowski
896.**Maquiavel** – Quentin Skinner
897.**Sócrates** – C.C.W. Taylor
898.**A casa do canal** – Simenon
899.**O Natal de Poirot** – Agatha Christie
900.**As veias abertas da América Latina** – Eduardo Galeano
901.**Snoopy: Sempre alerta! (10)** – Charles Schulz
902.**Chico Bento: Plantando confusão** – Mauricio de Sousa
903.**Penadinho: Quem é morto sempre aparece** – Mauricio de Sousa
904.**A vida sexual da mulher feia** – Claudia Tajes
905.**100 segredos de liquidificador** – José Antonio Pinheiro Machado
906.**Sexo muito prazer 2** – Laura Meyer da Silva
907.**Os nascimentos** – Eduardo Galeano
908.**As caras e as máscaras** – Eduardo Galeano
909.**O século do vento** – Eduardo Galeano
910.**Poirot perde uma cliente** – Agatha Christie
911.**Cérebro** – Michael O'Shea
912.**O escaravelho de ouro e outras histórias** – Edgar Allan Poe
913.**Piadas para sempre (4)** – Visconde da Casa Verde
914.**100 receitas de massas light** – Helena Tonetto
915(19).**Oscar Wilde** – Daniel Salvatore Schiffer
916.**Uma breve história do mundo** – H. G. Wells
917.**A Casa do Penhasco** – Agatha Christie
918.**Maigret e o finado sr. Gallet** – Simenon
919.**John M. Keynes** – Bernard Gazier
920(20).**Virginia Woolf** – Alexandra Lemasson
921.**Peter e Wendy** *seguido de* **Peter Pan em Kensington Gardens** – J. M. Barrie
922.**Aline: numas de colegial (5)** – Adão Iturrusgarai
923.**Uma dose mortal** – Agatha Christie
924.**Os trabalhos de Hércules** – Agatha Christie
925.**Maigret na escola** – Simenon
926.**Kant** – Roger Scruton
927.**A inocência do Padre Brown** – G.K. Chesterton
928.**Casa Velha** – Machado de Assis
929.**Marcas de nascença** – Nancy Huston
930.**Aulete de bolso**
931.**Hora Zero** – Agatha Christie
932.**Morte na Mesopotâmia** – Agatha Christie
933.**Um crime na Holanda** – Simenon
934.**Nem te conto, João** – Dalton Trevisan
935.**As aventuras de Huckleberry Finn** – Mark Twain
936(21).**Marilyn Monroe** – Anne Plantagenet
937.**China moderna** – Rana Mitter
938.**Dinossauros** – David Norman
939.**Louca por homem** – Claudia Tajes
940.**Amores de alto risco** – Walter Riso
941.**Jogo de damas** – David Coimbra
942.**Filha é filha** – Agatha Christie
943.**M ou N?** – Agatha Christie
944.**Maigret se defende** – Simenon
945.**Bidu: diversão em dobro!** – Mauricio de Sousa
946.**Fogo** – Anaïs Nin
947.**Rum: diário de um jornalista bêbado** – Hunter Thompson
948.**Persuasão** – Jane Austen
949.**Lágrimas na chuva** – Sergio Faraco
950.**Mulheres** – Bukowski
951.**Um pressentimento funesto** – Agatha Christie
952.**Cartas na mesa** – Agatha Christie
953.**Maigret em Vichy** – Simenon
954.**O lobo do mar** – Jack London
955.**Os gatos** – Patricia Highsmith
956(22).**Jesus** – Christiane Rancé
957.**História da medicina** – William Bynum
958.**O Morro dos Ventos Uivantes** – Emily Brontë
959.**A filosofia na era trágica dos gregos** – Nietzsche
960.**Os treze problemas** – Agatha Christie

961.**A massagista japonesa** – Moacyr Scliar
962.**A taberna dos dois tostões** – Simenon
963.**Humor do miserê** – Nani
964.**Todo o mundo tem dúvida, inclusive você** – Édison de Oliveira
965.**A dama do Bar Nevada** – Sergio Faraco
966.**O Smurf Repórter** – Peyo
967.**O Bebê Smurf** – Peyo
968.**Maigret e os flamengos** – Simenon
969.**O psicopata americano** – Bret Easton Ellis
970.**Ensaios de amor** – Alain de Botton
971.**O grande Gatsby** – F. Scott Fitzgerald
972.**Por que não sou cristão** – Bertrand Russell
973.**A Casa Torta** – Agatha Christie
974.**Encontro com a morte** – Agatha Christie
975(23).**Rimbaud** – Jean-Baptiste Baronian
976.**Cartas na rua** – Bukowski
977.**Memória** – Jonathan K. Foster
978.**A abadia de Northanger** – Jane Austen
979.**As pernas de Úrsula** – Claudia Tajes
980.**Retrato inacabado** – Agatha Christie
981.**Solanin (1)** – Inio Asano
982.**Solanin (2)** – Inio Asano
983.**Aventuras de menino** – Mitsuru Adachi
984(16).**Fatos & mitos sobre sua alimentação** – Dr. Fernando Lucchese
985.**Teoria quântica** – John Polkinghorne
986.**O eterno marido** – Fiódor Dostoiévski
987.**Um safado em Dublin** – J. P. Donleavy
988.**Mirinha** – Dalton Trevisan
989.**Akhenaton e Nefertiti** – Carmen Seganfredo e A. S. Franchini
990.**On the Road – o manuscrito original** – Jack Kerouac
991.**Relatividade** – Russell Stannard
992.**Abaixo de zero** – Bret Easton Ellis
993(24).**Andy Warhol** – Mériam Korichi
994.**Maigret** – Simenon
995.**Os últimos casos de Miss Marple** – Agatha Christie
996.**Nico Demo** – Mauricio de Sousa
997.**Maigret e a mulher do ladrão** – Simenon
998.**Rousseau** – Robert Wokler
999.**Noite sem fim** – Agatha Christie
1000.**Diários de Andy Warhol (1)** – Editado por Pat Hackett
1001.**Diários de Andy Warhol (2)** – Editado por Pat Hackett
1002.**Cartier-Bresson: o olhar do século** – Pierre Assouline
1003.**As melhores histórias da mitologia: vol. 1** – A.S. Franchini e Carmen Seganfredo
1004.**As melhores histórias da mitologia: vol. 2** – A.S. Franchini e Carmen Seganfredo
1005.**Assassinato no beco** – Agatha Christie
1006.**Convite para um homicídio** – Agatha Christie
1007.**Um fracasso de Maigret** – Simenon
1008.**História da vida** – Michael J. Benton
1009.**Jung** – Anthony Stevens
1010.**Arsène Lupin, ladrão de casaca** – Maurice Leblanc
1011.**Dublinenses** – James Joyce
1012.**120 tirinhas da Turma da Mônica** – Mauricio de Sousa
1013.**Antologia poética** – Fernando Pessoa
1014.**A aventura de um cliente ilustre** ***seguido de*** **O último adeus de Sherlock Holmes** – Sir Arthur Conan Doyle
1015.**Cenas de Nova York** – Jack Kerouac
1016.**A corista** – Anton Tchékhov
1017.**O diabo** – Leon Tolstói
1018.**Fábulas chinesas** – Sérgio Capparelli e Márcia Schmaltz
1019.**O gato do Brasil** – Sir Arthur Conan Doyle
1020.**Missa do Galo** – Machado de Assis
1021.**O mistério de Marie Rogêt** – Edgar Allan Poe
1022.**A mulher mais linda da cidade** – Bukowski
1023.**O retrato** – Nicolai Gogol
1024.**O conflito** – Agatha Christie
1025.**Os primeiros casos de Poirot** – Agatha Christie
1026.**Maigret e o cliente de sábado** – Simenon
1027(25).**Beethoven** – Bernard Fauconnier
1028.**Platão** – Julia Annas
1029.**Cleo e Daniel** – Roberto Freire
1030.**Til** – José de Alencar
1031.**Viagens na minha terra** – Almeida Garrett
1032.**Profissões para mulheres e outros artigos feministas** – Virginia Woolf
1033.**Mrs. Dalloway** – Virginia Woolf
1034.**O cão da morte** – Agatha Christie
1035.**Tragédia em três atos** – Agatha Christie
1036.**Maigret hesita** – Simenon
1037.**O fantasma da Ópera** – Gaston Leroux
1038.**Evolução** – Brian e Deborah Charlesworth
1039.**Medida por medida** – Shakespeare
1040.**Razão e sentimento** – Jane Austen
1041.**A obra-prima ignorada** ***seguido de*** **Um episódio durante o Terror** – Balzac
1042.**A fugitiva** – Anaïs Nin
1043.**As grandes histórias da mitologia greco-romana** – A. S. Franchini
1044.**O corno de si mesmo & outras historietas** – Marquês de Sade
1045.**Da felicidade** ***seguido de*** **Da vida retirada** – Sêneca
1046.**O horror em Red Hook e outras histórias** – H. P. Lovecraft
1047.**Noite em claro** – Martha Medeiros
1048.**Poemas clássicos chineses** – Li Bai, Du Fu e Wang Wei
1049.**A terceira moça** – Agatha Christie
1050.**Um destino ignorado** – Agatha Christie
1051(26).**Buda** – Sophie Royer
1052.**Guerra Fria** – Robert J. McMahon
1053.**Simons's Cat: as aventuras de um gato travesso e comilão – vol. 1** – Simon Tofield
1054.**Simons's Cat: as aventuras de um gato travesso e comilão – vol. 2** – Simon Tofield
1055.**Só as mulheres e as baratas sobreviverão** – Claudia Tajes
1056.**Maigret e o ministro** – Simenon
1057.**Pré-história** – Chris Gosden
1058.**Pintou sujeira!** – Mauricio de Sousa
1059.**Contos de Mamãe Gansa** – Charles Perrault
1060.**A interpretação dos sonhos: vol. 1** – Freud
1061.**A interpretação dos sonhos: vol. 2** – Freud
1062.**Frufru Rataplã Dolores** – Dalton Trevisan
1063.**As melhores histórias da mitologia egípcia** – Carmem Seganfredo e A.S. Franchini
1064.**Infância. Adolescência. Juventude** – Tolstói
1065.**As consolações da filosofia** – Alain de Botton